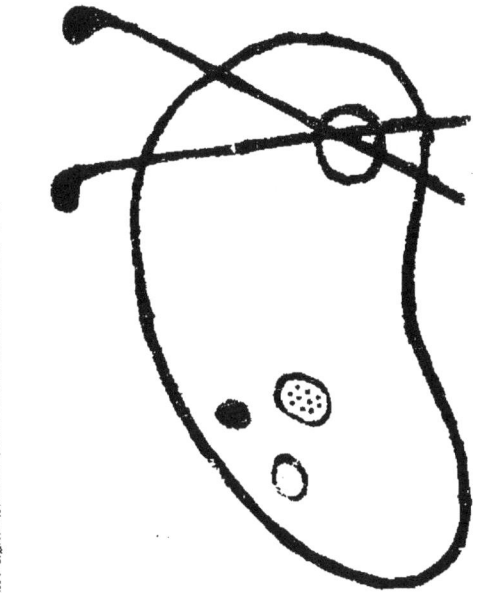

Début d'une série de document en couleur

Couverture inférieure manquante

L'ENQUÊTE PHILOLOGIQUE

DE 1812

DANS LES ARRONDISSEMENTS D'ALENÇON & DE MORTAGNE

Vocabulaires, Grammaire et Phonétique

Publié et annoté par Louis DUVAL,

Archiviste du département de l'Orne,

Correspondant du Ministère de l'Instruction publique et des Beaux-Arts.

ALENÇON
E. RENAUT-DE BROISE, Imprimeur
5, PLACE D'ARMES, 5.

1890.

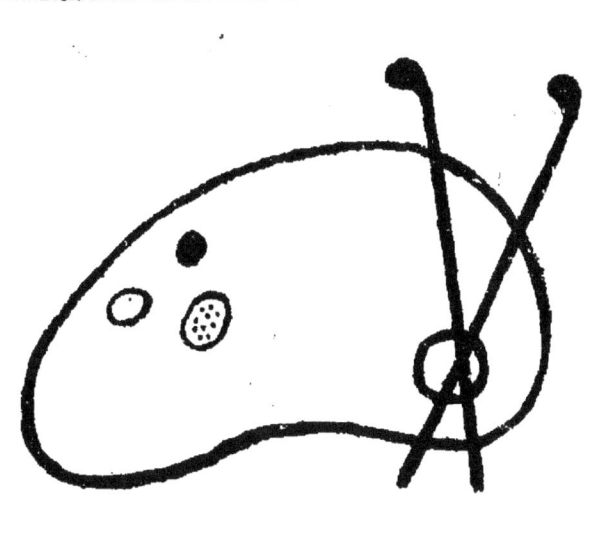

Fin d'une série de documents en couleur

A M. Léopol Delisle
hommage respectueux
    H Omont

L'ENQUÊTE

PHILOLOGIQUE

DE 1812

DANS LES ARRONDISSEMENTS

D'ALENÇON & DE MORTAGNE

Vocabulaires, Grammaire et Phonétique

Publié et annoté par Louis DUVAL,

Archiviste du département de l'Orne,

Correspondant du Ministère de l'Instruction publique et des Beaux-Arts

(Extrait du *Bulletin de la Société Philologique*.)

Le 20 janvier 1812, une circulaire fut adressée aux préfets, par M. de Montalivet, ministre de l'intérieur (Bureau des Informations et de la Statistique), pour les inviter à recueillir les éléments d'une étude comparative des idiomes, dialectes ou patois usités dans les diverses parties de l'Empire (1).

Cette idée d'une enquête philologique, d'une statistique du langage parlé dans les cent trente départements qui composaient alors le territoire français, ne manquait certes pas de grandeur. Elle était digne d'occuper les loisirs d'un ministre tel que Montalivet; elle arrivait à son heure, et si de tous les départements on avait obtenu des réponses complètes, on y trouverait aujourd'hui des matériaux d'autant plus précieux que, depuis cette époque, la distribution géographique et les vocabulaires des patois se sont considérablement modifiés.

J'ai cru utile de mettre en lumière les résultats de l'enquête qui fut faite dans l'Orne, à cette époque, par les soins de l'administration, et dont personne ne paraît jamais avoir parlé.

Malheureusement, sur les quatre sous-préfectures qui composent le département, nous n'avons trouvé de réponses que pour trois; deux seulement sont accompagnées

---

(1) Le ministre demandait également une traduction de la parabole de l'Enfant prodigue dans les divers patois. Je n'en ai pas trouvé trace pour le département de l'Orne. J.-F. Schnakenburg, dans son *Tableau synoptique et comparatif des idiomes populaires ou patois de la France* (Berlin, Albert Forster, 1840, in-8° de 295 p.) cite plusieurs de ces traductions.

de documents d'une réelle importance (1). Celle du sous-préfet de Domfront est des plus sommaires ; mais il faut tenir compte de ce fait que ce fonctionnaire, étranger par sa naissance au département, n'était installé que depuis le 14 septembre 1811 (2).

« *Le peuple de l'arrondissement, dit-il, ne parle point un dialecte particulier ni un patois distinct ; seulement il prononce mal les mots et les dénature en partie. Il dit, par exemple :*

« Coutia, *pour couteau.*

« Tonia, *pour tonneau.*

« Viau, *pour veau.*

« Veche, *pour vache.*

« Torin, *pour taureau.*

(1) Le sous-préfet d'Argentan était à cette époque M. Roulleaux-Dugage (Jacques-François-Nicolas), né à Beauchêne, canton de Tinchebrai, le 10 janvier 1765. Après avoir travaillé quelque temps dans les bureaux de l'enregistrement, il avait été nommé membre du Directoire du district de Domfront, en 1790. Lors de la formation des bataillons de volontaires nationaux, il s'était engagé et avait été nommé, le 15 septembre 1792, chef de bataillon au 15e régiment, devenu depuis le 35e de ligne. Sorti des rangs de l'armée le 16 vendémiaire an V, il fut nommé commandant de la garde nationale, membre du Conseil général de l'Orne et, en l'an VIII, conseiller de préfecture du même département. Par décret du 27 août 1808, il avait été nommé sous-préfet d'Argentan, en remplacement du docteur Bouffey, nommé député au Corps législatif. Son successeur sous la première Restauration fut M. Béville, ancien magistrat, nommé sous-préfet d'Argentan par ordonnance royale du 22 août 1814 ; mais pendant les Cent-Jours, M. Roulleaux-Dugage fut de nouveau envoyé à Argentan comme sous-préfet, par décret impérial du 31 mars 1815.

(2) Cillart de Kermaingui (Joseph-René-Claude), avait été installé dans les fonctions de sous-préfet de Domfront, le 14 septembre 1811. Il avait succédé à G.-F.-B. Barbotte, ancien membre de l'Assemblée législative, sous-préfet de Domfront depuis l'an VIII. M. de Kermaingui fut maintenu pendant la première Restauration. M. de la Corbière, nommé sous-préfet par ordonnance royale du 27 janvier 1815, n'ayant pas accepté le poste de Domfront, il était encore en fonctions lorsqu'il fut remplacé par M. Guillot, en vertu d'un décret impérial en date du 27 mars. En attendant l'installation de son successeur, sur l'ordre exprès du ministre de l'intérieur, M. Leroy des Acres, membre du Conseil général, fut chargé de faire les fonctions de sous-préfet par intérim, par arrêté préfectoral du 5 avril 1815.

« Tru, *pour truie.*

« Pras, *pour proie.*

« Rote, *pour route.*

« Pré, *pour poiré, etc.*

« *Comme le défaut de prononciation ne peut servir à expliquer d'anciens usages, à éclairer aucun fait important et donner la clef des chartes et autres documents historiques, j'ai pensé qu'il était inutile de vous faire part de la mauvaise prononciation du peuple.* »

Pour l'arrondissement d'Alençon, nous sommes plus heureux. De divers points, des communications intéressantes furent faites à l'administration. L'abbé Fouet, desservant de Condé-sur-Sarthe, donna une Nomenclature alphabétique des expressions non françaises en usage dans sa commune et aux environs.

M. de Thiboult du Puisact (1), homme d'un esprit très cultivé, adressa au sous-préfet (2), de sa propriété de la Roussellière, commune de Beauvain, un recueil de mots populaires, qui s'il était plus complet, offrirait d'autant plus d'intérêt que Beauvain est situé à l'extrémité du

---

(1) M. le comte G. de Contades a consacré une notice biographique fort intéressante à M. de Thiboult, en tête de la publication de son *Journal d'un fourrier de l'armée de Condé* (Paris, Didier, 1882, de XXX — 365 p. in-8°). Il en a été fait un tirage à part.

(2) Le sous-préfet d'Alençon était alors le comte de Chambray. Après avoir débuté dans l'administration comme auditeur de troisième classe, il avait été nommé sous-préfet d'Alençon par décret du 30 janvier 1812, en remplacement d'Achille-Charles-Victor de Noailles, nommé sous-préfet de Chartres. Maintenu sous la première Restauration, comme son collègue de Domfront, il fut comme lui suspendu, par arrêté préfectoral du 12 avril 1815, qui chargea M. Oudineau-Faverie de faire, par intérim, les fonctions de sous-préfet. M. Amable Mauduit fut nommé sous-préfet d'Alençon par décret impérial du 11 mai ; mais dès le 18 juillet il était remplacé par M. de Chambray, nommé de nouveau sous-préfet par ordonnance royale, installé le 15 et envoyé au poste d'Argentan, par une autre ordonnance royale en date du 23 août 1815. Démissionnaire en 1825, M. de Chambray eut pour successeur M. Eugène-Nicolas de Valor, alors sous-préfet de Vire et nommé sous-préfet d'Argentan par ordonnance du 11 décembre 1825.

département, sur les limites de l'ancien archidiaconé du Passais, et qu'au point de vue des usages comme au point de vue du langage, ce canton offre des caractères particuliers, dignes d'être notés.

Un autre correspondant, très probablement M. le comte Rœderer, sénateur, qui dès cette époque avait acheté la propriété de Bois-Roussel (1), commune de Bursard, où il devait fixer sa résidence sous la Restauration, envoya une nomenclature analogue, mais mieux fournie, des expressions rejetées par la langue classique, usitées dans la commune de Bursard.

Deux autres glossaires, également anonymes, furent adressés de Courtomer.

Dans l'arrondissement de Mortagne, le sous-préfet, M. Delestang, qui a consacré la plus grande partie de sa laborieuse carrière à des recherches sur l'histoire et sur la statistique de sa chère province du Perche qu'il n'avait jamais quittée (2), était dans les meilleures conditions pour recueillir les éléments de l'enquête philologique ordonnée par le ministre. Malheureusement les recherches sur la linguistique étaient alors dépourvues de la méthode qui seule peut les rendre fécondes. C'est ce que démontrent, d'ailleurs, les réponses qui furent adressées au sous-préfet

(1) *Le département de l'Orne archéologique et pittoresque*, par MM L. de La Sicotière et Poulet-Malassis, p.

(2) La biographie de Delestang (Louis-Charles-Nicolas), peut tenir en quelques lignes. Né à Mortagne, le 23 avril 1754, suivant la notice jointe à son dossier (Arch. de l'Orne, personnel administratif), le 20 avril 1750, suivant Pitart (*Fragments hist. sur le Perche*, Mortagne, Daupeley, 1866, in-4° de 466 p.), il avait rempli pendant la Révolution les fonctions d'administrateur du district de Mortagne et fut nommé sous-préfet en l'an VIII. Il fut remplacé dans ces fonctions par M. Girot-Libois, auditeur au Conseil d'Etat, nommé sous-préfet de Mortagne par décret du 8 avril 1813 et installé le 26 juin. Delestang fut mis à la retraite avec une pension de 1,200 fr., maigre récompense d'une vie de dévouement et de travail. Il mourut à Mortagne le 7 novembre 1831. En dehors des ouvrages qu'il a publiés, il a laissé 30 volumes in-quarto de manuscrits, parfaitement en ordre, conservés dans la bibliothèque de M. de La Sicotière.

de Mortagne. Le 12 mars 1812, le maire de Laigle, Le Grand de Boislandry, lui écrivit :

« *Pour répondre à votre lettre du 9 de ce mois, je vous diray que non-seulement je ne connois ni dialecte ni patois particulier à ce pays, mais même que je ne connois pas de tours de phrases ni d'expressions non appartenant à la langue française. La basse classe la parle et prononce mal, comme partout ailleurs, mais les mots sont français.* »

M. Le Grand de Boislandry signale seulement deux mots propres au pays :

« **Retuit** ou **Retuse**, *endroit où l'on dépose les grains non vendus aux halles. Ex.: Il y a du blé de* retuse.

« **Truc**, *on dit d'un homme adroit qui sait se tirer d'affaire qu'il a le* truc. »

Mêmes réponses de la part du maire de Longni et du marquis de Puisaye. Ce dernier habitait la Mesnière, près Mortagne et cite seulement j'allas, je venas, j'étas, ben, joué *(peu)*.

Le maire de Mortagne, très âgé, et celui de la Perrière, ne répondirent même pas aux lettres du sous-préfet.

Le maire de Bellême, Chaudru, fut mieux inspiré en s'adressant à l'instituteur communal, M. Beneuil, qui s'acquitta de la tâche qu'on lui imposait avec beaucoup de zèle. En réalité le travail de Delestang, qui fut adressé au préfet de l'Orne le 31 décembre 1812, ne paraît guère être autre chose que la mise en œuvre des notes de Bencuil, augmentée des renseignements qu'il put recueillir autour de lui. Pour que ces recherches eussent toute la précision qu'on exige aujourd'hui des travaux de ce genre, il eût fallu non-seulement s'adresser aux citadins, aux demi-bourgeois, mais se mettre en rapport direct avec les paysans, s'initier à leur langage et surtout à leurs habitudes de prononciation. Il est évident que c'eût été trop demander à un sous-préfet de l'Empire qui, l'année précédente, en tête *de ses administrés, avait eu l'honneur insigne de haranguer l'impératrice Marie-Louise, lors du passage de Napoléon dans l'Orne, à son retour de Cherbourg. Le discours qu'il prononça en cette circonstance mémorable est loin d'ailleurs de prouver qu'il eût les qualités de l'orateur. Mais, à nos yeux, cette absence d'imagination, cet esprit minutieux, pesant, vétilleux, qui pour l'écrivain, constituent évidemment une imperfection irrémédiable, peuvent être une garantie de l'exactitude scrupuleuse avec laquelle l'érudit et le philologue s'est acquitté de sa tâche. Aussi, après l'avoir jugé un peu sévèrement, au point de vue du style, M. de La Sicotière, aujourd'hui possesseur des manuscrits de Delestang, se hâte-t-il d'ajouter (1) :*

« Tout n'est pas à dédaigner dans ces compilations, qui nous touchent peu aujourd'hui, parce qu'elles nous parlent de l'état d'hier qui nous est encore connu. Dans un siècle et moins, elles offriront à d'autres qu'à celui qui les a sauvées de la destruction, à un Monteil percheron, des ressources, des détails, des curiosités, un intérêt véritables. »

Les graves et tragiques évènements dont la France fut le théâtre, à la suite de la désastreuse campagne de Russie, durent singulièrement refroidir le zèle scientifique dont M. de Montalivet avait fait preuve en ordonnant aux préfets de lui transmettre les documents qu'ils pourraient recueillir sur le patois. Cette circonstance peut servir à expliquer comment les documents que j'ai pris à tâche d'exhumer furent abandonnés au fond d'un des cartons relatifs à la statistique du département de l'Orne, au lieu d'être envoyés au ministre de l'intérieur. Le départ de

---

(1) Coup d'œil sur les historiens du Perche, discours lu à la séance générale de la Société de l'histoire de Normandie, le 2 juillet 1874, par M. Léon de La Sicotière, président d'honneur, Rouen, Henry Boissel, 1874, in-8° de 20 p.

Louis Dubois, secrétaire intime de M. La Magdeleine, préfet de l'Orne, qui eut lieu à la même époque, coïncida d'une façon fâcheuse avec ces évènements. L. Dubois était en effet chargé de recueillir les documents relatifs à la statistique du département. Il s'en acquittait avec zèle et intelligence. C'est à lui que l'on doit le **Mémoire statistique sur le département de l'Orne (1801)**, *dont les parties les plus importantes ont paru dans l'Annuaire de l'Orne de 1808 à 1812, qu'il rédigeait, et dont la publication fut interrompue à cette époque. D'autre part, il est hors de doute que non-seulement L. Dubois a pris connaissance de ces recherches sur le patois du département, mais qu'il en a tiré les éléments du* **Glossaire du patois normand**, *qu'il a fait paraître dans les* **Mémoires** *de l'Académie celtique, et dont une nouvelle édition, revue et augmentée d'un supplément, a été donnée par M. Julien Travers. L'auteur a-t-il mis dans ces emprunts toute la discrétion et toute la délicatesse nécessaires ? C'est ce que je n'oserais absolument affirmer. Il me suffit de signaler le fait qui, pour l'étude des sources, a son importance.*

Ce qui est certain, c'est que Delestang, qui avait conservé copie de son travail, le corrigea, y ajouta un supplément et le communiqua à Dureau de La Malle, de l'Académie des inscriptions et belles-lettres, propriétaire du château de Landres, en la commune de Mauves, près Mortagne. Le vocabulaire de Delestang paraît avoir été présenté par Dureau de La Malle, à l'Académie des inscriptions, vers 1822. Je me suis servi du dernier manuscrit, qui m'a été obligeamment communiqué par M. de La Sicotière, pour préparer la publication de ce travail.

Les principaux ouvrages relatifs au patois usité dans le département de l'Orne sont, pour le Perche : 1° les **Dialogues** *si curieux de l'abbé Fret, qui font rechercher son* **Diseur de** vérités *et sa* Pélerine percheronne (1) ; 2° *les* Rimes inédites en patois percheron *(Paris, Poulet-Malassis, 1861, in-12 de 66 p.) et les* Œuvres poétiques en patois percheron *de* Pierre Genty *(Paris, A. Aubry, 1863, in-12 de LXXII-72 p.) M. Genty a fait précéder cette dernière publication d'un Essai sur la filiation des langues, dont quelques pages sont consacrées spécialement au patois percheron, auquel l'auteur prétend attribuer la priorité sur tous les autres dialectes de la langue d'Oïl.*

Pour l'arrondissement d'Argentan, nous avons les Usages, dictons, proverbes et anciens mots de l'arrondissement d'Argentan, *de L.-J. Chrétien, reproduits dans l'*Almanach Argenténois *pour 1836, et les* Veilleris argenténois *du même auteur, travail manuscrit qui fait partie de la bibliothèque de M. de La Sicotière. On peut aussi rattacher au même arrondissement les* Remarques sur quelques expressions usitées en Normandie et particulièrement dans le département de l'Orne, *de M. Gustave Le Vavasseur, et les* Nouvelles Remarques, *du même philologue.*

M. l'abbé Dumaine a consacré quelques pages au patois de l'arrondissement de Domfront, dans son ouvrage sur Tinchebray et sa région au Bocage normand.

*Tout récemment, M. Charles Vérel a fait paraître en feuilletons, dans l'*Avenir de l'Orne, *un* Dictionnaire du patois de l'arrondissement d'Alençon, *que l'on désire vivement voir publié en volume.*

M. Vérel a également publié dans le Bulletin de la Société historique et archéologique de l'Orne, *t. VII, une étude intéressante intitulée le* Pré des Marettes, *dans laquelle il a inséré des dialogues en patois des environs d'Alençon. On*

---

(1) Une nouvelle édition de ces Dialogues a été donnée par M. l'abbé Gaulier sous le titre de *Scènes de la vie percheronne* (La Ferté-Macé, librairie Meynaerts, 1873, in-12 de 120 p.), suivie des *Veillées percheronnes et récits sur la Normandie*, d'après l'abbé Fret et autres historiens. (Mortagne, Launay-Rémon, in-12 de 60 p.)

trouve aussi à glaner quelques termes locaux dans les divers ouvrages de l'abbé Gautier, curé de la Lande-de-Goult, l'auteur humoristique de l'Essai sur les mœurs champêtres. *Moi-même j'ai relevé un certain nombre de mots, appartenant au patois, qu'on rencontre dans les* Cahiers de doléances des paroisses du bailliage d'Alençon en 1789, *dans les* Cahiers de la châtellenie de Mortagne *et dans les* Mémoires sur l'état des paroisses de l'élection d'Argentan en 1788, *que j'ai fait paraître dans l'Annuaire de l'Orne.*

*Sans compter le travail d'Ach. Genty, cité plus haut et curieux au point de vue de l'orthographe du patois, l'*Histoire et Glossaire du patois normand, *de M. Le Héricher (Paris, Aubry, 3 vol. in-8°), le savant mémoire de M. Joret (*Des caractères et de l'extension du patois normand, *avec une carte), publié dans le t. XII des* Bulletins de la Société des Antiquaires de Normandie, *et l'ouvrage de M. Moisy, contiennent l'exposé des recherches les plus récentes sur la distribution géographique des diverses branches du patois normand et sur les variations caractéristiques qu'on observe dans les différentes parties du pays normand, au point de vue de la phonétique. Ce n'est peut-être pas ici le lieu d'intervenir dans la discussion des divers systèmes qui ont été proposés. Le travail le plus approfondi, dont la constitution et la physiologie du patois normand ait été l'objet, est sans contredit celui de M. Joret, qui présente au plus haut degré le caractère scientifique qu'on exige aujourd'hui des recherches sur la philologie. Cependant, le dernier mot de la question a-t-il été dit ? Je ne le crois pas. Le patois, en effet, depuis quatre-vingts ans, a subi des atténuations dont il est facile de se rendre compte au moyen de l'enquête philologique de 1812. Il a perdu du terrain, telle est, je crois, la conclusion qui s'impose.*

Je m'estimerai heureux si les fragments que j'ai pu tirer de la poussière des Archives, grâce à l'accueil bienveil-

lant que la Société philologique *a fait à mon travail, qui s'éloigne quelque peu de l'objet ordinaire de ses études, peuvent être de quelque utilité à mes savants confrères et leur fournir l'occasion de nouvelles et fructueuses recherches.*

Louis DUVAL.

VOCABULAIRE

Ou Recueil alphabétique de mots, expressions ou locutions, non consignés dans les Dictionnaires de l'Académie, usités dans l'arrondissement de Mortagne, par M. DELESTANG, sous-préfet de Mortagne.

Le Patois ou le Dialecte de l'arrondissement de Mortagne, ou plutôt les expressions et les locutions populaires dont on s'y sert, offrent souvent un accent dur et désagréable à l'oreille, une corruption de mots, occasionnée par l'approche ou le mélange des patois des pays qui le composent ou qui l'avoisinent. Les longues, à la vérité, communes à beaucoup de mots, tenant de l'accent normand, imprimèrent à celui du pays cette rudesse que corrigeait le voisinage de Blois et de Paris, séjour ordinaire des rois dans les XVe et XVIe siècles. C'est un langage altéré par une mauvaise prononciation, tel qu'on le tenait, avant que la langue française eût été épurée par les Pascal et les grands écrivains du XVIIe siècle. Ses diverses expressions qui se sont perpétuées se voient dans les vieux auteurs tels que Joinville, Commines et même Montaigne ; la prononciation actuelle se retrouve dans bien des occasions la même que dans les temps antérieurs et, quand le vulgaire dit qu'il fait *biau*, il s'exprime comme les rois Charles VI ou VII, qui ne disaient jamais que *mon biau cousin*. Les oreilles devenues plus délicates par le commerce des Italiens, sous les Médicis, ont adouci ce que la langue française avait de trop dur et l'ortographe de la 2e personne du pluriel des verbes prouve encore que jadis on prononçait comme prononcent encore les paysans. L'habitude qu'ils ont de mêler le pronom de la première personne du singulier avec celui de la première personne du pluriel, comme *j'avons, je faisons, j'allions,* leur est commune avec tous les paysans, qu'on fait toujours parler ainsi dans les comédies et même sur les grands théâtres de la capitale.

Les terminaisons en *as* et en *ant* paraissent très-anciennes, les vieillards s'en servent sûrement comme chose héréditaire et à conserver. Ils disent *j'allas, je venas, je faisas, is aimant, is venant, is demandant* et prononcent ainsi la syllabe muette de la dernière personne du pluriel. En effet, l'homme qui ne sait que lire des mots doit aire faute à la dernière syllabe de *demandent,* puisque *dent* isolé (une dent) se prononce *dant*.

OBSERVATIONS

La voyelle a cède sa place à la voyelle composée ai qui se voit comme anciennement dans les mots *fourmaige, passaige,* etc.

La voyelle composée *ai,* à son tour, se trouve remplacée par la voyelle simple *a,* dans les mots *hãe* pour dire *haie,* dans *agu* pour dire *aigu,* et dans *plât-i,* pour *plaît-il.*

C devient *que* ou plutôt *ke* dans *croisée,* qui se prononce *queroisée* ou *keroisée,* et dans *croix* qui se prononce *queroix* ou *keroix.*

Ch, suivi de la voyelle simple *e,* devient *j* dans les mots *cheval, chevaux, cheveu, cheveux,* que l'on prononce *j'vā j'vaūx, j'veū, j'veux.*

Ais ou *ois* se prononce *ās* dans *j'aimais, je fais, je faisois, j'avois, je demandois, je disois,* etc. *J'aimās, je f'sā, je faisas, j'avas, je demandas, je disas,* etc.

D se change en *gu* dans *cordier, landier, vivandière, chaudière,* que l'on prononce *corguier, languier, vivanguière, chauguière.*

E devient *ai* dans *tête, bête* que l'on prononce *tāite, bāite.* Les mots *veau, beau, morceau, eau* et semblables offrent dans *viau, biau, morciau, iau,* le métagramme de *e* en *i.* Il est à remarquer que *au* se prononce fort ouvert, c'est-à-dire qu'il tient beaucoup de l'a. Dans le seul mot crèche, l'e devient a, alors on prononce *un crache* qui, comme on voit, change de genre. L'e se change en o, dans ces mots : *je voirai, nous voirons* et semblables, pour *je verrai, nous verrons.* L'e s'élide dans *j'ter* pour *jeter*, dans *ch'vâ* pour *cheval.*

Ent, syllabe de la troisième personne du pluriel, se prononce *ant* dans *ils aiment, ils viennent, ils demandent : ils venant, ils aimant, ils demandant.*

Eu se prononce très-ouvert et à peu près dans le rapport analogue de *au* : il n'est pas possible d'en écrire l'équivalent ; pour en avoir une idée précise il faut l'entendre articuler. *Eu* devient *ou* dans le mot *gueule*, ainsi en supprimant l'*u* par syncope abréviative on prononce *goule.*

Eur dans les mots qui donnent *euse* au féminin présente *oire* en ce genre, comme *fileur, filoire, semeur, semoire, ravaudeur, ravaudoire.*

I se mouille dans *blé, aimable, affubler, trembler, souffler, jonfler,* etc. et on prononce *bié, aimab'ie,* etc. *L* finale devient muette dans les mots *éternel, carnaval,* etc., que l'on prononce *éterné, carnavâ.*

O devient *au* dans le mot *hola* qu'on prononce *aûla* ou bien quelquefois *auvela*. Il devient *ou* dans les mots *poche, pochette, chose* ; prononcez *pouche, pouchette, chouse.*

O se prononce dans *connoitre, monnoie* pour *connaître, monnaie.*

Ou se change en *au* dans *pouce, cou, fou, nourrice, nourrir,* qui se prononcent *pauce, cau, fau, naurice, naurir.*

Oi, dans *moi, toi, soi, quoi*, se prononce *mai, tai, sai, quai* ou *mé, té, sé, qué*.

Oient se convertit en *int* dans *is alloient, ils faisoient, ils demandoient* qui se prononcent *is allint, is faisint, is demandint*.

Ont se change en *ant* dans *ils vont, ils font* — *is allant, is faisant*.

R ne sonne point dans les mots *tort, sort, fort, lard*. Prononcez donc les phrases suivantes : *Il a tort*, — *il a tŏ*; *il a le sort*, — *il a l'sŏ*; *bien fort*, — *ben fŏ*; *voilà de bon lard*, — *v'la d'bon lă*.

U devient *eu* dans le mot *mur*, qu'on prononce bref et très-pleinement, comme le pronom personnel *me*. Dans l'adjectif *mur*, f. *mure*, *u* devient encore *eu* fort ouvert, mais bien plus que dans le pronom *me*. Conformément à la prononciation voici des phrases : *un bigarriau meūs, des bigarriaux meūs, une pomme meūse, des pommes meūses*. On prononce de même pour l'adjectif *sûr* (certain), *c'est un fait seūs*, (c'est un fait sùr); mais il faut dire au féminin, *c'est une chouse sûre*.

U se change en *i* dans *puant*, qu'on dit *piant, piante*.

Ui se convertit en *ieu* dans *suivre*, qu'on dit *sieudre*.

S précédée de la voyelle *i* se change en *in* dans *pris, mis*, que l'on prononce *prins, mins*, etc.

A.

Abre, s. m., pour *arbre*.

Acca (d'), il tombe de l'eau d'acca, pour dire à seaux.

*****Accŏtĭner**, v. a., pousser, presser dans un coin. S'accotiner; — v. r., se tapir, se fourrer dans un coin.

Accŏufler (s'), v. r., s'accroupir, se porter sur les jambes et avoir les fesses jusqu'à terre.

Accoutumance, s. f., habitude, se faire une *accoutumance*, une habitude.

Adsăï ou **Assăï** (1), adv., pour à ce soir. *J'verrons ça adsaï.*

Adlési, s. m., homme de loisir, oisif, fainéant.

*****Adon** (2), s. m., coup d'*adon*, coup de hasard. Cela s'est adonné on ne peut mieux. Vous vous êtes bien adonné, c'est-à-dire vous vous êtes trouvé à propos.

*****Affŭblăs**, s. m., affublement.

Afistŏler, v. a., arranger avec soin et affectation.

Agriote ou **Agriŏche**, s. f., griotte, cerise noire.

Agrioches ou **Grioches**, s. f. pl., échasses dont se servent les enfants. On dit d'un enfant, il est monté sur des *grioches*.

Agoŭcer ou **Agousser**, v. a., agacer, exciter.

Ahŭri, adj. et s. m., actif, vigilant, éveillé.

Ahŭrir, v. a., presser, pousser fortement.

Aignelle, s. f., brebis jeune.

Aisiau, s. m., demie-porte en paille, en bois ou en genêt, attachée au dehors de l'huisserie.

---

* Les mots marqués d'une astérisque ne se trouvent ni dans le *Glossaire* de Louis Dubois, ni dans les *Remarques* et *Nouvelles Remarques* de M. G. Le Vavasseur.

(1) *Assaï* devrait s'écrire *à ce sè*.

(2) *Dict. de l'ancienne langue française*, par F. Godefroy.

Ajětter, v. a., jetter quelque chose. *Ajette-moi c'te pomme-là.*

*****Ajoŭpir** (s'), v. r., s'abaisser, se ramasser sous la main de celui qui veut vous prendre. *Il y a des poules très-apprivoisées qui s'ajoupissent quand on veut les prendre.*

*****Alévré** (1), adj., vif, gaillard, évaporé. *Fille alévrée*, qui aime à courir, à jouer, etc.

*****Amarer** (2), v. a., faire une sauce.

A mătin, adv., pour ce matin, hier *à matin*, demain *à matin*.

*****Amendé**. *Il ne m'est pas si ben amendé*, cela ne m'est pas dû, je n'en suis pas digne.

*****Amointer**, v. a., améliorer, bonifier un champ.

*****Amointeur**, s. f., avoir de l'*amointeur*, se dit d'un champ amélioré, productif.

Amont, adv., monter *amont* le mur, *amont* l'ari, *amont* le talus. C'est l'opposé d'*avau*, qui veut dire en descendant.

Anuit ou **Annui** ou **Anui** (3), adv., aujourd'hui.

*****Appétit**, s. m., ce mot n'est en usage que dans cette locution : *A l'appétit de telle somme*, je m'en contenterai.

Apīper, v. a., attirer dans un piége.

Aquanté-li ou **èl**, adv., avec lui ou avec elle.

Ari ou **Arri**, s. m., talus, petite butte : *Montez amont l'āri.*

*****Armŭsier**, s. m., armurier.

Assăvantir (s'), v. r., *s'assavantir d'une chose*, se rendre savant d'une chose.

*****Atard** ou **ătă**, adv. *Il me tarde de savoir*, etc.

Atelle (2), s. f., morceau de bois qui n'est pas travaillé. *Couper une atelle, mettre une atelle dans le feu.* On dit proverbialement : *Sec comme une atelle.*

---

(1) *Alévré* rappelle l'idée de lièvre, de lévrier. Dans l'ancien français une fille *lévrière* était une fille de mauvaise vie.

(2) *Amarer* peut venir d'*amarier*, qu'on trouve dans l'ancien français.

(3) *Anuit* pour *en hui*, en latin *in hodie*.

Attendiment (en), adv., en attendant.

Audivis (avoir l'), c'est avoir l'au-dessus, c'est l'emporter sur son concurrent.

Aumales bêtes, pour bêtes *aumailles*.

Avau, adv.: Prends garde de *chās* (choir) *àvau* l'*ari*.

Averas, s. m. et de tous genres, mauvais état et mauvaise qualité des animaux sauvages et domestiques.

B

Băbānt (1), s. m., benêt, inepte, idiot.

Bahĭne, s. f., chaumière habitée par des gens pauvres et souvent suspects.

Baïte, s. f., on dit au pluriel : Les *baïtes* ont *sai* ou *soi*, pour dire les bestiaux ont soif. *V'la* les *baïtes* qui *moûchănt*, c'est-à-dire, voilà les bestiaux qui s'enfuient.

Băjuetter ou **Béjuetter**, v. a., placer en sens inverse des objets dont les extrémités sont de formes différentes. *Bajuetter* de l'orge, de l'avoine, c'est quand on lie les gerbes, mettre une partie des épis par un bout de la gerbe et l'autre partie par l'autre bout.

Barbŏcher, v. a., remuer salement et sans précaution toute espèce de liquide. Barbotter comme les canards, les chevaux etc.

Bassicoter, tâtonner, marchander longtemps.

Bastant, v. r., n'être pas *bastant*, se remuer difficilement.

*****Bastărăt**, s. m., habit large et ample.

Bătăclan, s. m., se dit de toute espèce d'agencement sans ordre, qui fait beaucoup de bruit et porte à la risée.

*****Bauffrer**, v. a. *Bauffrer* quelqu'un, c'est le frapper brutalement à la figure.

(1) De *baber*, céder lâchement (F. Godefroy).

Baūge, s. m., mauvais lit, rempli de paille usée.

Bē, s. m., berceau.

*****Bégault**, s. m., selle de cuvier dont on se sert pour faire la lessive.

Berdancer ou **Berdincer**, v. a., remuer une batterie de cuisine.

Bergeās, s. m., mouton, terme collectif, moutons et brebis. On dit : Voilà les *bergeas*.

Bērgeŏn (1), s. m., bout de sillon, au milieu d'une pièce de terre.

Berlāner (2), v. n., parler bruyamment et indiscrètement, *commérasser*.

Bernouser (Brenouser), v. a., barbouiller, salir.

Bérouée, s. f., pour brouée.

Bērraūd, e, s. m. et f., qui dit des niaiseries, des riens, des bêtises.

Bersiller, v. n., pour sourciller.

Bīcle, s. m. et f., homme ou femme *bicle*, qui a les yeux contournés.

Bīe ou **Bille**, s. f., cruche.

*****Billée**, s. f., une *billée* de cidre, pour dire une cruche pleine de cidre.

Bīland, e, s. f. et m., mendiant, mendiante, fainéant, fainéante.

Bīlander, v. n., mendier par fainéantise et lâcheté.

*****Biscarlot** (3), s. m., maquignon.

Bisquer, v. n., être mécontent, pester.

*****Blouser**, v. a., faire boire quelqu'un pour l'enivrer.

*****Bŏblŭchĕt** (4), s. m., torche-nez.

Boē, pour boue, fange.

---

(1) Le Vavasseur, *Nouvelles Remarques*.
(2) *Brelander* (L. Dubois, supp. par J. Travers.
(3) Terme d'argot.
(4) Id.

Bordager, fermier qui occupe un *bordage* (petite métairie).

Bonne-da (1), usité dans cette locution : Il y va tout à la *bonne-da*, il y va tout bonnement.

*__Bouāter__, __Brosser__, __Rosser__, v. a., donner une rossée.

Bout-ci bout-là, pêle-mêle.

*__Boŭgă__, adj., hommasse.

*__Boŭnĕtte__, s. m., coiffe.

Bourdé, v. n., resté embourbé, un cabriolet *bourdé*, et figurément rester court.

Busculer, v. a., culbuter, jeter par terre.

Boussiau, pour boisseau.

*__Boŭtée__, s. f., faire une *boŭtée*, se dit d'un cultivateur qui laboure un instant.

Boŭvă ou **Bouvard**, s. m., jeune taureau.

Brauder, v. a., faire quelque ouvrage maladroitement et sans attention.

B'sant, pour dire pesant.

Byringue ou **Bringue**, s. f, mauvais cheval, sec et décharné, haridelle.

C

Căbăret, s. m., toit d'une maison.

Cacaïller (2), v. n., se dit du chant de la poule après qu'elle a pondu.

Caillette, s. f., se chauffer la caillette, se chauffer le ventre.

*__Caillou__, s. m., avoir un *caillou* au bras, avoir un calus.

---

(1) Employé dans un vieux Noël percheron ou manceau :
    Moussieu cti-ci, Moussieu cti-là,
    J'allons tout à la *bonne-da*.
(2) La Curne de Sainte-Palaye.

*Capuchette (faire la), faire la culbute.

*Caüe, Caux, pour cou.

Cerne, s. m., pour cercle.

*Châblis, s. m., fruits qui tombent des arbres avant que d'être murs.

Chäi ou Chiai, pour chair, viande.

*Chaintre ou Cheintre, s. f., espèce de terrain entre les haies et les sillons.

Chambre femelle, mâle, pour chanvre femelle, chanvre mâle.

Chambrillon, pour servante, chambrière.

Châs, v. n., choir, tomber : Prends garde de *chas*.

Chapiau, pour chapeau.

Charroi (être en mauvais), pour être mal portant, malade.

Cheminze, pour chemise.

*Cheminzette, s. f., vêtement de tous les jours.

Chērue, s. f., pour charrue ou charrette.

Cheviller, Chuyer, épargner quelqu'un.

Chnolle, s. m. et f., gorge, gosier.

*Chopper, voyez Lober.

*Chorgne, s. f., coup reçu dans la figure.

*Chorgner (1), v. n., se dit d'un cheval qui attend à la porte d'un cabaret pendant que son maître s'amuse à boire et se divertit.

Chŏle (2), s. f., se donner une *chôle*, se blesser, tomber lourdement, v. n.

*Choller, v. a., battre, frapper.

Chouse, pour chose.

*Chumicher (3), v. n., crier, sangloter entre haut et bas.

Cinats, s m., plancher composé de percheaux et de paille.

---

(1) *Chorgner* paraît être une variante de *chorer*, sommeiller, en parlant des animaux.

(2) La Curne de Sainte-Palaye.

(3) Cf. *Micher* (patois normand), pleurer et *Chuer* (ancien français), crier.

Claque, s. f., femme qui cause toujours et fait autant de bruit qu'un claquet de moulin.

*****Clărer**, v. a., claquer. On dit : *C'fouet-là clăre bēn*, pour dire ce fouet-là claque bien, fait du bruit.

C'la c'est, adv. Est-ce votre vache ? — Oui *c'la c'est*.

Cliaut, Clios, Cloŭs, s. m., pour clos, terrain clos et cultivé. Il se dit des terres à chenevière. Un *clios* à filasse, pour un clos à chanvre.

Clodre, v. a., pour clore.

Cloŭter, pour clouer.

Ço, pour encore. Ex : *Qu'o qu'o dit qu'ol a co ? O dit qu'ol a co la colique.* Qu'est-ce qu'elle dit qu'elle a encore ? Elle dit qu'elle a encore la colique.

Cŏchelin, s m., présent d'un parrain ou d'une marraine à son filleul ou à sa filleule le jour de son mariage.

Coffir, v. a., fatiguer excessivement, harasser.

Cŏger, v. a., déterminer, décider quelqu'un à agir contre sa première pensée.

Coiffement, s. m., une coiffure, un biau *coiffement*.

*****Cŏnir** (1), v. n., perdre son état, sa vigueur.

Contrevis, Contrehuis. Voyez **Aisiau**.

Corser, v. n., lutter, se prendre corps à corps.

Cŏti (être), v. n., être meurtri, rompu, moulu par l'âge ou par les coups.

Cŏtir, v. n. et a., mûrir : Les blés *cotissent*, le grand soleil *cotit* les blés.

*****Courriller** (2), v. a., *courriller* une porte, la fermer au verrou.

Crecir ou **Cressir**, v. n., périr de misère, il meurt de faim, il faudra qu'il en *crécisse*.

---

(1) *Conir* signifie littéralement perdre les cornes. Il ne faut as oublier que les cornes sont le symbole de la force et qu'on dit encore : lever les cornes, abaisser les cornes, au sens figuré.

(2) *Courriller*, de *Courreil*, verrou, d'où *Crouiller* (La Curne de Sainte-Palaye.)

Créiature ou Crêture, femme ou fille.
C'ti-ci, C'te-là, celui-ci, celle-là.
Cusser, v. n., soupirer, geindre.

D

Dă, Interjection explicative : Oui-dá, à la bonne-da.

Dăbée, s. f. Une dăbée d'iau frache, une abondance d'eau fraîche.

*Dădiller, v. n., mettre dans ses actions, comme dans ce que l'on dit, trop de minutie (comme tatillonner).

*Dădilleux, se, s. m. et f., minutieux, se.

*Dăfeter ou Dăpheter, v. n, s'impatienter, faire dafeter, faire fâcher, faire mettre en colère (dépiter).

*Dagotter, v. a., remuer quelqu'un, soit pour le réveiller, soit pour l'activer.

Dăi, pour doigt

*Danvester, v. n., sauter continuellement d'un lieu à l'autre et ne pas tenir en place. On dit : Cette jeune personne n'est guère bienséante, elle danveste toujours.

Dărin, s. m., faiseur de mariage.

*Dĕhĕlté (1) (être), part., être indisposé, incommodé.

*Delibre (2), adj., vif, remuant.

*Demi-gās, Demi-fumelle, s. m. et f., jeune personne des deux sexes, de 14 à 15 ans.

*Désăcœŭ (à), adv., à contre-cœur, à désacœu.

*Désămain (à), adv., hors la main, hors la portée.

*Desō, D'so, Desol, s. m., désespoir. J'en suis au d'so, j'en suis au désespoir.

Dĕteux (3), fruits tombés avant la maturité.

---

(1) Déhelté, de l'ancien français Deshet, chagrin, peine, Dehait, malaise dans le patois normand.

(2) Delivre, dans l'ancien français.

(3) Deleux. Comparer ce substantif à Deles, désastre et à date, excrément, dans La Curne de Sainte-Palaye.

Detourber, v. a., déranger du travail.

Dĕvănquēre, s. f., devantière, tablier.

*__Diffictif, ve__, adj. m. et f., enfant qui annonce de l'esprit. Il est *diffictif*.

*__Diviser__, pour deviser. Converser avec facilité et avec esprit. On dit : c'est un homme qui *divise* bien.

Donaison, pour donation.

Douet, s. m., lavoir.

Dourder, v. a., battre lourdement avec un gros bâton.

E

*__Eaulu, e__, adj., marécager, rempli d'eau, terrain *eaulu*.

Ecalle, s. f., écosse de pois, de *gourgane* ou fève de marais.

Ecăller, v. a., *écaller* des pois, des haricots, pour écosser.

*__Echămelée__ (1), s. f., talus qui tombe par *échamelée*, par partie.

*__Echargoter__, v. a., écorcher avec les ongles. On dit aussi *essergoter*.

Echauguetter, v. a., veiller, surveiller.

Ecœurder, Ecœurer, v. a., dégoûter. On dit : je m'en *écœurderais*.

Ecousse, s. f., moment. Je vous ai attendu une bonne *écousse*, j'ai dormi une petite *écousse*.

Effloqueter, v. a., terme de culture, diviser le fumier en l'épandant à travers les champs.

Effouqueter, v. a., chasser quelqu'un brutalement.

*__Effroiduré__ (être), avoir froid, être transi de froid.

*__Egaudi__ (2), e, adj., joyeux, se.

---

(1) Comparer ce mot à *escame*, escabeau (de *scamnus*), *escamel* et *eschamel* dans La Curne de Sainte-Palaye.

(2) *Egaudi* pourrait venir de *gaudere*, mais c'est plutôt une altération de l'ancien français *esbaudi*.

Emayer (s'), v. p., s'inquiéter, être inquiet, agité, peiné.

*****Embargoter**, v. a., embarrasser, embrouiller.

Emberlificoter, v. a., embarrasser, embrouiller.

*****Embernacler** (1), v. a., empêtrer dans des objets qui gênent les mouvements du corps, surtout la marche.

Embobeliner, v. a., affubler quelqu'un d'une manière ridicule ; — v. r., s'embobliner.

*****Embougonner** (2), v. a., ensorceler.

*****Endārer** (3), v. a., *endarer* un chemin, c'est-à-dire courir avec vitesse.

Endemné, s. m., espiègle.

*****Engămer** (4), v. n., s'emparer de quelque chose par ruse, par adresse ou malhonnêtement.

*****Engé** (être) (5), être affligé, tourmenté, souffrant.

*****Englaumer**, v. a., séduire, tromper par un beau verbiage, par de belles promesses. Les charlatans sont des *englaumeurs*.

*****Enheūdi** (6), part., empêché, empêtré.

*****Ennouer** (s'), v. n., s'engouer.

*****Enrēver** (7), v. a., importuner.

Ensié (8), adj., en attendant.

---

(1) Comparer ce verbe à *embernaquer*, dans le *Glossaire du patois normand* de Louis Dubois.

(2) *Embougonner*, est probablement une altération de *embougronner*. On trouve, dans le *Dictionnaire de l'ancienne langue française* de F. Godefroy et dans Cotgrave, *bougueronner*, *bougeronner*, sodomiser. D'autre part le mot *bougre* avait souvent la signification d'hérétique.

(3) *Endarer*. C'est tout à fait l'italien *andare*. Nous avons aussi, dans le patois normand *andain*, enjambée (Duméril). Comparer ce verbe à la locution populaire *dare, dare*.

(4) La Curne de Sainte-Palaye cite *engamer*, avaler un hameçon.

(5) *Aengier*, dans l'ancien français, avait le sens d'embarrasser (La Curne de Sainte-Palaye).

(6) *Enheudé*, dans l'ancien français, entraver (Ibid.)

(7) *Enrêver*, opiniâtre (Ibid.)

(8) *Endcié* est mentionné par M. G. Le Vavasseur (*Nouvelles Remarques*).

Ent'nă (1), s. m., jeune poulain de 24 à 30 mois, qui n'a point encore couvert de jument.

Epensi (2) adj , peurreux.

*****Epimbŏcher** (3), v. a., éplucher avec les ongles, figurément épiloguer.

*****Epimbŏcheur, se,** s. m. et f., qui épimboche.

*****Epouiller** (4), v. a., ôter la vermine.

*****Essŭmer** (5), v. n., essaimer.

Estragochines (6), s. f. au pl., hypothèques.

Etriver, v. a., faire *etriver*, faire fâcher, contrarier, impatienter.

*****Eumer**, pour aimer.

Eun, Eune, Yeun, Yeune, adj. num., un, une. Voici les nombres cardinaux qui suivent : *deu*, deux ; *tras*, trois ; *quate*, quatre ; *cins*, cinq ; *sis*, six ; *sé*, sept ; *hui*, huit ; *neu*, neuf ; *di*, dix, etc.

F

*****Fa**, pour fois, une bonne *fa*.

*****Fa** (par ma), par ma foi, par ma *fa*.

Faguelin, e, adj , faible de tempérament.

Fămŭler (se) (v. c ,) se familiariser.

Fani, Fanil, pour fenil.

---

(1) *Antenais*, poulain ou mouton d'au moins un an, dans le patois normand.
(2) *Epeuter*, effrayer (L. Dubois).
(3) *Pignocher*, pointiller, cité par M. Le Vavasseur, me paraît se rapprocher d'*épimbocher*.
(4) Dans *Gargantua* « Semiramis, *espouilleresse* de balistres. »
(5) On dit de même, dans le patois normand, *sumer*, semer.
(6) *Estragauchines* (Duméril).

Fatrain, s. m., petit chanvre.

*****Faūx**, s. m., pour fou.

*****Ferlamper** (1), v. a., battre quelqu'un.

*****Fête** (faire sa), c'est faire sa première communion.

Feuperie, pour friperie.

Feupes, s. f., mauvais vêtement.

Fieu, s. f., fleur; s. m., fils, mon *fieu*.

*****Fiondre**, **Flondre**, pour fronde.

Flammiche, s. f., pain cuit à la flamme ou à la hâte.

Flauper ou **Floper**, v. a., battre quelqu'un.

Fluber, remuer les épaules pour apaiser des démangeaisons.

Fō, adj., pour fort.

Foisiller, v. n., se dit des enfants qui s'amusent à remuer les cendres ou à déranger plusieurs petites choses amassées.

Fou, s. m. et adj., chien-fou, pour chien enragé.

Fouiner, v. n., fuir, se sauver, se retirer.

Foutille, s. f., graine de hêtre.

*****Frache**, **Fraiche** (2), s. m., étendue de terre non labourée produisant peu d'herbe.

*****Fretin**, s. m., petit chanvre.

Frimouse, s. f., mine, bonne mine, bonne *frimouse*.

Friper, v. n., se remuer, s'agiter le corps pour apaiser les démangeaisons que l'on ressent.

Fumelle, s. f., femelle, fille, femme.

Fūter, v. a., ennuyer.

G

Gălăpiās (3), s. m., gentilhomme.

---

(1) *Ferlampier* ou *frelampier*, dans Duméril, mauvais sujet.

(2) *Fresche*, dans l'ancien français, friche.

(3) *Galapias, galapiau*, dans le patois des environs de Bayeux et ailleurs, signifie mauvais sujet et se rapproche comme sens et comme étymologie de *Ganipion*.

Garcette, s. f., fille.

Gās, s. m., garçon.

Gaspil, pour gaspillage, *l* se mouille.

Gâter de l'eau, pour uriner.

Gâton, s. m., fort brin de bois qui sert de levier et quelquefois que l'on passe dans une corde pour serrer plus fortement.

Gâtonner, v. a., lever ou serrer fortement avec un *gâton*, battre avec un *gaton*.

Gaudriolles, s. f. pl., grands sauts faits en jouant, plaisanteries, contes faits à l'improviste pour faire rire.

Gauneter, v. n., parler inutilement lorsqu'on a autre chose à faire.

Gaupailler, v. a., gaspiller, ne pas économiser ; adj., **Gaupailleux, se**, qui n'économise pas.

Gausant, e, adj., désagréable.

*Gentrouillette (fille), s. f., fille assez gentille, agréable.

Giffle, s. f., soufflet, coup donné sur la joue.

Giffler, v. a., donner des gifles.

Giler, v. n., se dit de toute espèce de liquide qui, étant poussé et pressé de sortir par un petit passage, s'échappe avec vitesse. Faire *giler*. L'eau qui sort d'une seringue *gile*.

Ginguer, v. n , se livrer à des jeux en essayant son adresse et ses forces, *ginguer* sur l'herbe.

Gingueur, se, s. m. et f., qui *gingue*.

Giroufiée, s. f., pour giroflée.

Gnias, s. m., *mouillé*, petit enfant à la mamelle.

Gnolles, s. f., plaisanteries fades.

Godances (1), s. f., contes improvisés.

Gôgue (être en), adj., être en joie, en belle humeur.

Gôser, v. a., rassasier excessivement, au fig. déplaire, ennuyer. On dit aussi j'en suis *regosé*, j'en suis las.

---

(1) *Gaudence*, dans le patois normand.

Gouailler, v. a., se moquer de quelqu'un devant lui.

Goulayant (1), adj., qui se mange avec facilité, avec plaisir, avec sensualité. On dit du pain *goulayant*

Goulée de foin, d'herbe, de terre, de bien, s. f., un peu de foin, d'herbe, de terre, de bien.

Goŭrer ou **Gourrer**, v. a., tromper, escroquer.

Gourgousser, v. n., espèce de murmure, de bruit sourd, excité par quelque mécontentement.

Gourmâcher, v. a., broyer malproprement. Les jeunes animaux, quand ils ont mal aux dents *gourmachent*.

Graillonné, ée, adj , être malpropre, sale.

Graisser les pieds, les mains, les bottes, donner ou recevoir l'extrême-onction.

Gredolles, s. f., branches d'arbres sèches, qui tombent naturellement du tronc

Gueder, v. a., sans accent, il se prononce comme *guenon*, faire manger précipitamment pour rassasier plus vite. Se *gueder*, v. r., manger jusqu'à en être incommodé.

Guenette (2), s. f., fille de mauvaise vie.

Guincher, v. n., fermer un œil et regarder de coin et de côté.

Guermenser (se), v. a., s'occuper, se mêler d'une affaire qui nous est étrangère.

H

Hâger, v. a., H aspirée, défaire sans le vouloir ou malignement et exprès ; les enfants *hâgent* les joujoux qu'on leur donne.

---

(1) M. G. Le Vavasseur a donc trop restreint la signification de cet adjectif, lorsqu'il a dit : « *Gouleyant* ne s'applique guère au solide qui se mâche à la hâte ou à loisir ; *gouleyant* se dit du bon cidre, de celui que les dévôts de la pinte boivent à genoux. » (*Nouvelles remarques sur quelques expressions usitées en Normandie*).

(2) On dit aussi *pie-guenette*, aux environs de la Ferté-Macé.

Haïse, s. f., barrière à l'entrée d'un champ, d'un pré, etc.

Haisieau (1), s. m., *contre-huis*, seconde porte, faite ordinairement de genêts et de paille tissés dans des barres, placées en dehors de l'entrée des maisons.

Hardé (œuf hardé), s. m., œuf *hardé*, œuf sans coque, n'ayant qu'une pellicule.

Harias (2), s. m., H aspirée, embarras, chicanes, se dit toujours au pluriel.

Harnas, pour harnais.

Haricoter, v. n., faire toute sorte de métiers pour gagner sa vie.

Haricotier, s. m., homme qui gagne difficilement sa vie.

Harqueler, v. n., faire toute sorte de trafics peu honnêtes, chicaner, chercher noise.

Harquelier, s. m., de mauvaise foi, avec lequel il est dangereux d'avoir affaire.

***Haut-la-queue** (3), s. m., noble ou laquais qui court après les filles et ne paye pas ses dettes.

Hercaha, adv., vis-à-vis, se rencontrer *hercaha*, nez à nez.

Hĕrnuĕr, v. n., remuer, le temps *hernue*, pour le temps remue, se dispose à la pluie.

***Herper** (4), v. n., H aspirée, essayer ses forces contre un autre, lutter pour s'amuser.

Horgne, s. f., coup de poing donné sur les yeux ou même sur la tête.

Horgner, v. a., donner des coups de poing sur les yeux ou même sur la tête.

---

(1) Ecrit ailleurs *aisieau*. On dit aussi dans le même sens *hé* et *hec*.

(2) Ecrit ailleurs *arrias*. Dans le *Roman de Rou* : Pur li grant arias kif reciet.

(3) *Hausse-queue* ou *hoche-queue* est le nom populaire de la bergeronnette.

(4) L. Dubois ne donne à ce verbe, dérivé de *herpe*, d'autre signification que celle de « saisir de feu, cuire trop vite. »

Horsain, s. m., non domicilié.
Houring (1), s. m., petit cheval.
Hubir, v. a., huer, honnir.
Hupé, Huppé (2), adv., tout près, il n'y a plus qu'un *huppé*, qu'environ un demi-quart de lieue.
Hurif, H aspirée, hâtif, précoce, fruits *hurifs*.

I

I, pour *il* pronom. On dit : *I va châ*, pour il va tomber.
Iau, pour eau et dans tous les mots finissant ainsi : *châpiau, couliau*.
Inditer, v. a., enseigner.
Inelle de son corps (être), adj., leste, vif.
Iqueu (3), adv. Il est tout *iqueu*, c'est-à-dire sans façon, sans cérémonie.
Itout, adv., aussi.

J

J'allis, J'avons, J'fommes, pour j'ai été, nous avons, je fais, nous faisons.
*****Jâlot** (4), s. m., cuvier pour faire la lessive.
Jarreter, v. a., se frapper la cheville du pied en marchant.
Jascarder, v. a., parler promptement et abonder en paroles inutiles ou superflues.
Jaspiner (5), v. a., marcher vivement à petits pas et sans courir.

---

(1) Comparer *houring* à *harin*, à *haridelle* et à *hourlot*.
(2) *Hupet*, comme *jupet* dans le patois normand.
(3) *Iqueu*, pour *itieul* (tel).
(4) *Jalot*, dérivé de *jale*.
(5) La signification de ce verbe, suivant L. Dubois, est « babiller, jaser, etc. »

Je, pour nous. *Je venins, je tombins*, pour nous venions, nous tombions.

Jeulien, Jillan, Jillin, Juyot, pour Julien, nom d'homme.

Jouāi, Jouet, Jouè, ou Joi, adv. Il n'a *jouai*, il n'a pas assez.

*__Jouée__, s. f. Recevoir une *jouée*, recevoir des coups modérément. On dit : « je lui en ai donné une jouée. »

Jūter, v. n., rendre du jus.

K

*__Karpation__, s. f., incarcération.
Kĕrmāyère, s. f., crémaillère.

L

La, pour *le* dans ces mots : *la chaud, la froid, la baromètre*.

Lā-loin, expression adverbiale qui indique un lieu peu distant.

Lărcĭ (1), faire *lărcĭ*, faire un somme après collation, après tel ouvrage.

Laumer, v. a., regarder niaisement à l'excès. Il est malhonnête de *laumer* les personnes.

Lèsant, s. m., lent, tardif.

Liroter, v. a., essayer de couper avec un instrument qui tranche mal, surtout avec un mauvais couteau.

Liseux, Liseuse, adj., lecteur, lectrice.

Livardeux, adj., onctueux, gluant.

---

(1) L. Dubois renvoie à *ressie (la)*, qui ne se trouve pas dans son Glossaire. *Ressie* est dans le *Dictionnaire* de La Curne de Sainte-Palaye, avec la signification de collation « à l'heure de *ressie* ou de relevée. »

Lober, v. n., situation de l'animal lorsque, fermant les yeux, il repose, sans être endormi, ni éveillé. *Lober* dans une chaise.

Lorriquette, s. f., petite portion d'un tout.

Louster ou **Lousser**, v. r., s'introduire, se couler adroitement dans un passage, dans un appartement.

Lūbre, adj., pesant, pesante, lourd, lourde.

Lurer, v. a., gronder, réprimander à l'excès. Il est des maîtres qui *lurent* toujours leurs inférieurs.

Lureur ou **Lureux**, se, s. m. et f., qui *lure*, qui gronde toujours.

M

Macabre (1), s. m., lourd.

Ma fine, **Ma finte** (2), adv., pour *ma foi*.

Manigancer, v. a., manier souvent.

*Manigancier, re, s. m. et f., qui manigance.

Medin, s. m., mauvaise couche.

Merienne, s. f., somme que l'on fait sur le midi, dormir sur l'heure de midi.

Mërölle, s. f., brebis.

Micher, v. n., pleurer.

Millaud (3), s. m., gueux, mendiant, mal vêtu.

Minze ou **Menuise**, s. f., bout de corde que l'on met au bout du fouet.

Mitant, s. m., milieu.

Miter, v. a., tacher, noircir. Lorsque l'on est toujours près du foyer ou de la cheminée, on *mite* ses vêtements.

---

(1) Suivant L. Dubois, cet adjectif serait simplement synonyme d'inepte et il le rapporte à la fameuse *danse macabre*.

(2) On dit aussi *ma fingue*. Ces diminutifs ont été inventés pour dissimuler le serment de *ma foi*.

(3) Rapprocher *millaud* de *millauraine* (loup-garou).

Mōn ou **Mont**, conj., pour donc. Voyez *mon*, voyez donc. Parlez-*li mon*, parlez-lui donc. Viens-y *mon*, viens-y donc, voyons donc.

Musse (1), s. f., étable aux oies, aux volailles.

Musser. frauder. Vendre du vin à la *musse*, c'est vendre sans payer les droits.

N

Nāe ou **Nās** (2), femme sale ou dégoutante.

Nāson, s. m., qui parle du nez. Il se dit aussi adjectivement.

Natter, v. a., heurter.

*****Nĕgron**, s. m., nœud du bois.

Nēnnin, négation, *nenni*.

Nerpin, s. m., homme petit de taille, qui a la peau noire.

Nettir, v. a., nettoyer.

Noble, s. m., cochon.

Notureau (3), s. m., petit porc de l'année.

O

Ohi, s. m., accident, malheur. Cet homme est bien malheureux, il a toujours quelques *ohis*.

Oir (4). Il *ouait* haut, il est sourd, il n'entend pas.

Orge, s. m. Voilà du *bel orge*, pour de *belle orge*.

Oribus, s. m., chandelle de résine.

Ortancier, s. m., arc-en-ciel.

Ouāi-mäie, conj., corruption de : Oui, mais.

---

(1) On dit en Normandie : « à la *musse* », pour en cachette.
(2) Au propre, fourgon, torchon attaché au bout d'une perche pou nettoyer le four.
(3) *Notureau*, pour *nourreturiau*.
(4) De ouïr.

Ouăller (1), v a., faire des cris pour indiquer le lieu où l'on est.

Ouāsiau, s. m., pour oiseau.

Ouin, adv., pour bah ! *Ouin*, ce n'est pas vrai.

P

Paīter, v. a. Fais donc *paīter* les brebis.

Par-l'ous ? (à qui), **Qu'est-qu'ous dites ?** A qui parlez-vous ? Qu'est-ce que vous dites ?

Parloyer, v. n., se *parloyer*, chercher à s'exprimer avec élégance.

Patigaūt, s. m., furet.

Patigousser, v. a., remuer l'eau sans besoin et pour s'amuser.

Pătirās, s. m., souffre-douleurs.

Patocher, v. n., remuer l'eau, se jouer dedans. Les enfants aiment à *patocher*.

Pātoŭ, Pātoūr, s. m., petit berger, pâtre.

Paturas, Paturail, s. m., pré où l'on met les bestiaux.

Paoūe ou **Poūe**, s. f., peur.

Paūce, pour pouce.

Perier, v. a., pour prier. *Perier* le bon Dieu.

Personnerie (être en), s. f., société, coterie, de moitié avec quelqu'un. — **Personnier**, adj.

Peufi, e, adj. m. et f., flétri, fané.

Piaisi ou **Piasi** ou **Paisi**, pour plaisir.

Pianner, v. n., se dit du cri de la poule d'Inde.

Piché ou **Pichet**, s. m., grand pot à boire dans lequel nos paysans font des rôties.

Piffette, s. f., jeune fille qui ne se plaît qu'à faire *piaffe*.

Pigler, v. n., jeter un petit cri perçant. Se dit surtout des enfants, lorsqu'ils poussent des cris sans pleurer.

---

(1) Mieux *houaler* (L. Dubois).

*Piglement, adv., action de *pigler*.

Pigner, v. n., se dit de l'enfant qui se plaint en poussant de petits sanglots entre haut et bas.

Pignocher, v. n., forcer son appétit. Essayer de manger quand on n'a plus faim.

Pigräs (à), adv., beaucoup de quelque chose. On dit : il y en a à *pigräs*.

Pigrat (mettre le pied dans le), prov., se mettre dans l'embarras, dans une affaire difficile.

Pilauder (les boues), c'est marcher à travers les boues comme les enfants.

Pimperlotté, e, adj., tacheté par petits points de diverses couleurs.

Pinge, adj., qui a le poil lisse, uni, propre. Ce cheval est *pinge* comme une souris.

Pingeot. s. m., saut que fait une pierre lancée sur la surface de l'eau qu'elle ne fait qu'effleurer.

Pirotte, s. f., oie femelle.

Piter, v. n., se dit du fil dans la lessive ou de la toile que l'on fait herber, qui blanchissent moins dans un endroit que dans l'autre.

Plaïsser ou Plësser, v. a., garnir une haie lorsqu'on la fait. Coucher une branche de bois qu'on nomme *plaissas*, après l'avoir coupée aux trois quarts et qui après l'opération prend le nom de *plaisse*.

Plauder, Pelauder, v. a., enlever et secouer par la peau, en jetant à terre à plusieurs reprises. Les chiens *plaudent* les chats quand ils se battent avec eux.

Ponicher, v. a., ajuster mal, surtout la toilette. Voyez comme cette femme est *ponichée*, mal arrangée.

Ponnent (les poules), pour les poules pondent.

Ponnu, pour pondu.

Pŏpŏ (1), s. de tout genre. Il ne se dit que dans cette

---

(1) Comparer *popot* (poupon), *popote*.

phrase : faire la mère *popo*, c'est-à-dire la femme qui fait ses embarras.

*Portas, pour portail.

*Poŭchĕtte, s. f., pochette. Poche d'un habit.

Pouiller ou **Poulier**, élever avec une poulie.

Pouiller, v. a., vêtir une veste.

Pourget, s. m., bûcher.

Pourguiller, v. a., promener un enfant, un bestial pour le dissiper.

Poui, pour puits

Poutiau, pour poteau.

*Poutre, s. f., jeune cavale de 24 à 30 mois, qui n'a point encore porté.

Précimi ou **Pressimi** ou **Prinsimi**, adv., très-près, bientôt, bien vite, promptement.

Q

Quăi, Kai, pronom pour quoi.

Quais et quelquefois **Queins**, équivalent de tiens !

Quarquelot, s. m., maigre.

Quarsonnier ou **Quarsogné** (1), s. m., mesure de grain.

Queindre, je *quiens*, ils *quiennent*, pour je tiens, ils tiennent.

Quenaille, s. f., un enfant, une *quenaille*.

Quenolle, s. f., autrefois *chenolle*, gosier.

Queinot, pour Etiennot, nom d'homme.

Quenotte, s. f., terme d'enfant, dents.

Queolles, Quiolles, s. m., jambes croches, mal faites.

Querter, v. a., arranger, parer sa toilette. On dit : voilà une femme bien quertée, bien parée.

Quoi (avoir ou n'avoir pas de), avoir de la fortune. —

---

(1) Je crois que *Quarsonnier* vient plutôt de *tiersonnier* que de *quartonnier*, comme le dit L. Dubois.

« Vous êtes gentille, la belle. » — « Il n'y a pas de *quoi*, monsieur. » — « J'n'avons pas de *quoi* avoir du pain. »

R

Raboudiner, v. n., diminuer de longueur, s'endommager par les extrémités, devenir en mauvais état.

***Raccouit**, adj., qui est vieux, terni. Les feuilles des arbres sont *raccouites* par le soleil.

Radas (1), terme de mépris. Ce ne sont que *radas* que ces gens-là. Pour dire radoteurs.

Radoubler, v. a., revenir sur ses pas. L'orage *radouble*, c'est-à-dire revient sur soi.

Rapapilloter (se), v. r., se raccommoder, reprendre l'*au-dessus* de ses affaires.

Rassouâter, v. a., raccommoder un *vieux* habit, rapporter des morceaux à quelque chose qui n'en vaut pas la peine.

Ravirées (par les), adv , de temps en temps.

Ravirer (se), v. r., revenir contre son opinion. C'est la même chose que *raviser*.

Reboinser, **Rebouser** (2), v. a., contrarier, contrecarrer, embarrasser.

Rebours, adj., qui est de mauvaise humeur ou d'un abord difficile.

*****Receper**, v. a., pour recevoir.

Récompérer (se), v. r., se dresser le corps et répondre hautement aux personnes qui nous sont supérieures.

Refoui, s. m., usufruit.

Remembrance, s. f , reste, résidu, morceau.

*****Rĕnclŭme**, s. f., pour rancune.

---

(1) L. Dubois donne à *radas* la signification de guenille.
(2) Dans le patois normand *reboisser*, de *rebois*, barricade.

Ressourdre, v. a., réveiller, activer. On dit à un enfant : *J'te vas ressourdre*, si tu ne fais pas ce que j'te dis.

Retuit, s. m., lieu où l'on dépose le grain non vendu aux marchés. Il y a du grain au *retuit*, du grain *retuyé*. Il n'est pas nécessaire qu'il y ait un lieu de dépôt pour qu'on dise au *retuit*, il suffit qu'il y ait du grain non vendu.

Ric, adv., tout *ric*, tout près.

Richöler, v. n., ricaner, rire en traître.

Roinser, v. n., cri du cheval quand il veut se battre.

Rote, s. f., petit sentier.

Rouāner, v. a., mâcher malproprement. Ceux qui n'ont point de dents *rouānent* les aliments.

Rouauder, v. n., se dit du cri du chat quand il est en rut.

Ruffle, fort, robuste.

Russiau, pour ruisseau.

S

Saccouter, v. n., parler bas à l'oreille de quelqu'un pour n'être pas entendu.

Saī, Seī, Soi, pour soif.

Sais, Sins, prép. I va sais ou sins li, il va chez lui.

Saquer ou Saquier, v. a., chasser, faire partir d'un lieu.

Sarcir, Sarci (être). Brûler ou être brûlé, desséché par le feu. Veillez à ce que vos côtelettes ne soient pas *sarcies*.

Saux, pour saule, arbre.

Saül ou Saule, s. m. et f., soûl ou soûle.

Seūs ou Sūs, s. m., sureau.

Sīler, v. n., se dit du cri de la couleuvre et des autres reptiles.

Souāner, v. n., prendre du tabac malproprement.

Souâtêr (1), v. n., s'associer pour travailler ensemble. *Souâter* se dit des petits cultivateurs qui réunissent leurs chevaux sur la même charrue ou voiture.

Soûcer, v. n., sentir, flairer. Les chiens *soûcent* au passage du lièvre. Les bonnes gens aiment à *soûcer* le tabac.

Soui, s. m., balayures, ordures.

Souil ou **Sou**, s. f., étable aux porcs. Mettre les cochons en *sou*.

Sourger, v. a., guetter. Je vais te *sourger* de près

Sparsier, s. f., estafier.

Suê ou **Suai**, s. m., seuil.

Super, v. a., avaler.

Surpéter, v. a., trouver quelqu'un que l'on cherche et qui vous fuit quand vous l'approchez.

T

***Talard** ou **Talus**, s. m., extrémité d'une pièce donnant sur celle inférieure.

***Tambanée** ou **Taubanée** (2), s. f., grande quantité d'aliments dans un même vase. Une *tambanée* de soupe.

Tantouiller, v. a., plonger et retirer de l'eau à plusieurs reprises.

Tanvée (3), s. f., c'est la même chose que *flamiche*. Voyez ce mot.

Taribondin, s. m., homme épais de corps et court de taille.

Tariner, v. n., tarder, s'amuser.

---

(1) *Souâter* se trouve dans Cotgrave. La Curne de Sainte-Palaye rapproche *souater* de *souter*, terme usité à Sainte-Palaye, dans le même sens. L'ancien français avait *soue* et *souage*, qui signifient aide. V. Du Cange, au mot *solatium*, 3.

(2) *Tambanée* doit être rapproché de *tamponne* ou *tambonne* (peut-être *tant-bonne*) pitance qui remplit le ventre et à bon marché.

(3) Louis Dubois fait venir *tanvée* du celtique *tan*, feu. Je serais plutôt d'avis de le rapprocher de *tenvre*, mince, dans le patois normand.

Tarlataner, v. n., parler bruyamment et sans chercher à s'entendre.

Tèc ou **Tè**, s. m., toit. Mettre les vaches en *tèc*. Le c ne se prononce pas.

Tègot (1), s. m., morceau d'un pot brisé qui peut encore servir à quelque chose.

Terdame ou **Trédame**, exclamation.

Těrouēe, pour truie.

Terrage, s. m., pour enterrement.

Tiendre et ses composés, pour tenir.

Tirer (les vaches), pour traire les vaches.

Torer, Taurer, v. a., parer, ajuster sa coiffure. Cette femme est bien mal *torée*, mal coiffée.

Trébèn, adv., beaucoup. J'ai *trébèn* d'argent.

Treuler, v. a., traîner.

Treuner ou **Traner**, v. n., se dit du chant de la poule lorsqu'elle cherche à pondre.

Tribarder (2), v. n., aller çà et là, de côté et d'autre. Quand on est ivre on *tribarde* en marchant. — v. a., croiser des branches ou des fils pour embarrasser un passage.

Triffoi ou **Tréfoi** (3), s. m., grosse bûche que l'on met dans le feu la veille de Noël et qui doit durer les trois fêtes, c'est-à-dire trois jours.

Tringue, s. m., petit lait, *mègue*.

Trouil, s. m., dévidoir.

---

(1) *Tégot* devrait s'écrire *têt-got*. Les termes *go, gau, gaud*, impliquent une idée défavorable. *Gaud*, dans le patois normand se dit pour *nigaud*, mot dont Littré et A. Brachet ignorent l'étymologie. *Gau*, dans l'ancien argot, signifie pou. Dans le patois normand, le même mot se présente comme un dérivé de *gallus*, coq. Mais *gallus* signifiant également gaulois, il ne serait peut-être pas téméraire de supposer que c'est la même terminaison qu'on applique comme suffixe à la fin de certains mots, pour leur donner un sens péjoratif. Mettre ses sabots de *gallot*, c'est les mettre de travers.

(2) *Tribarder* vient de *tribart*, bâton que l'on pend au cou d'un chien pour l'empêcher de courir, ou espèce de carcan composé de trois bâtons qu'on met au cou des porcs pour les empêcher de passer au travers des haies.

(3) *Tréfouel* paraît venir de *trifocalium*.

Trouiller, v. a., dévider.
Truc, adj. Avoir le *truc*, être adroit.
Turbette (1), adv., à *turbette*, à foison, abondamment.
Turne, s. f., mauvaise maison.

U

Uāi, Uè, s. m., œil.
Umable, pour aimable.
Un (c'est tout à) dans cette ville, pour : on dit généralement que.
Usible, adj. m. et f., précoce, avancé.

V

Vaissiau, s. m., une pipe.
Vanquez, Vanquiers ou **Vantiers** 2), adv., vraisemblablement, peut-être. *Il est vanquié ben chez li.*
Ventée, s. f., donner une *ventée*, battre fortement quelqu'un.
Verdā, Verrot, s. m., verrat, pourceau mâle.
Verdault, s. m., faiseur de mariages.

X

Xeucer, v. a., exaucer.

---

(2) *Turbette*, de *turbe*, foule, multitude.
(1) *Vantiers* ne serait-il pas le produit de l'écrasement de *volontiers* ? ol devenant fréquemment *ou* et *au*, on aurait pu avoir *vauontiers*, réduit à *vantiers* pour éviter l'hiatus.

SUPPLÉMENT

Baiser ou être **Baisé**, attraper quelqu'un ou en être attrapé.

Banon, s. m., vaisseau qui sert à recueillir le jus sortant de la pression des fruits, poires ou pommes, au moyen du pressoir, avant que de l'entonner dans le vaisseau à ce destiné.

Banvole, s. f., girouette.

Baube, bègue.

Bavoler, se dit d'un oiseau sur le bord de son nid, lequel agite ses ailes.

*****Begueton, Beguetonner**, adj., bègue, bégayer

Betteler ou **Béclé**, se dit du lait qui se caille.

Boulevari, bruit, tintamarre, désordre.

Brèche, s. m., édenté, à qui il manque des dents.

Brèche, s. f., fétu qu'on voit dans le beurre, le lait.

Chàs (1), terme de tisserand, espèce de bouillie de farine dont on pare la toile.

Crétine, Crétiner, limon ou boue, dont le débordement des rivières ou les grandes eaux couvrent les prairies. Ce pré a été *crétiné*.

Dāller, faire une **Dāllée**, uriner par terre.

*****Dehambionné**, disloqué, mal fait dans les jointures des cuisses ou des hanche. Il est tout *déhambionné*.

Démence, pour ruine. Cette maison ou cette ferme est en démence.

(1) N'est-ce pas de là que vient la locution : « Faire de la bouillie pour les chats ? »

*Douāner, battre excessivement.

Ecarbouiller, écraser.

Echauboui (1), effarouché. Cet oiseau est *échauboui* dans sa cage.

Elue te, terme de tisserand, pour élite.

*Encourantée, longue suite d'objets attachés les uns après les autres.

Enfontume, gros rhume.

*Ensenteine, sens, manière de faire quelque chose.

*Etrempât, terme de cultivateur, pour signifier le fer qui joint les deux parties de la charrue et qui sert à les approcher ou à les allonger.

Epestoui, adj., éveillé. Cette jeune fille est *épestouie* comme une souris.

Etermine, se dit d'un enfant faible, en phtisie, faible de constitution, peu viable.

Etrase, se dit de même. C'est une *étrase* que cet enfant.

Eurée, pour *orée*, bord d'un bois.

Faraud, est celui qui quitte peu à peu des habillements antiques, ou de campagne et suit de loin une mode plus relevée. Il devient *faraud* ; elle commence à *farauder*.

Gadelle, Gadellier, groseille, groseiller à grappe rouge et blanche.

Gigaler, Ginguer, se divertir avec excès.

Gigaleur, Gigaleuse, adj. Cette jeune fille est trop *gigaleuse*.

Gobine, s. f., débauche, bonne chère Il aime la *gobine*.

Horion (2), gros rhume. Il a un *horion* dans l'estomac qui l'empêche de manger et de dormir

Houbile, s. f., veste, vêtement. Va prendre ta belle *houbile*.

Intergaudé (être), être troublé, se troubler.

*Jars ou Jât (faire le), se dit d'un homme qui fait le

---

(1) *Echaubouillé* (L. Dubois et G. Le Vavasseur).
(2) Se dit aussi du tac. V. Littré.

ménage pendant que sa femme est en couche. Il fait le *jât*.

Jolet, jeu, mouvement. Il faut donner du *jolet* à telle chose.

Jupper, appeler quelqu'un, crier après lui. On a beau le *jupper*, il ne vient pas.

Lichouaner, embrasser souvent. Ils se *lichouanent* toujours.

Lostre (1), sale, malpropre. Il est fait comme un *lostre*.

Lousse, Lousser, Lousseur, mensonge, mentir, menteur, hâblerie, hâbler, hâbleur. Prenez garde, il va vous pousser des *lousses*.

Mahou, Mahouner, bègue, bégayer.

Mougnier, ère, meunier, ère.

Mônnée, provision de grain qu'on met au moulin. La *mônnée* est-elle revenue.

*****Pacré**, pareil, semblable. Il ressemble à son père tout *pacré*.

Paîter, bouger, changer de place. Il n'en *paîte* pas, c'est-à-dire il ne s'en dérange pas.

*****Parsonnier, Parsonnerie** (2), se dit d'un cultivateur qui n'ayant qu'un cheval pour faire valoir sa terre, emprunte celui de son voisin. Ils sont de *parsonnerie* ensemble.

Paut, Pôt, s. m., poteau.

*****Piaufrer**, embrasser souvent et fortement. Finissez, je n'aime pas qu'on *piaufre* ma fille.

Pièce, négation. Y a-t-il des personnes dans la maison ? Il n'y en a *pièce*.

Prāe, s. f., charogne (prononcez *carogne*). Ce n'est qu'une *prāe* que c'te crêture-là.

Radas, guenille, étoffe usée et en lambeaux.

Sacquer, chasser. *Sacque*-moi les brebis de ce champ.

---

(1) *Lostre* viendrait peut-être de *lutra* (loutre) qui, au moyen-âge, a donné *loustrier*.

(2) *Parsonnier*, cohéritier, est un terme qui se trouve dans toutes nos anciennes coutumes.

— prendre de force par saccades quelque chose de la main d'un autre.

Sarche, s. f., hausse pour les cuves à lessive.

Souille, Souillon, petite fille sale, malpropre. C'est une Marie-*souillon*.

Suée, s. f., donner une *suée*, c'est faire peur à quelqu'un à force de le gourmander et de le menacer. As-tu eu ta *suée*?

Surelle, oseille.

Timonner, v. a., activer, presser. Il faut *timonner* ces gens-là.

Toper, consentir à telle chose.

Tortiller, chercher des alentours.

Traveucher, marcher de manière à se trouver devant son voisin pour l'empêcher de marcher.

Trichard, e, trompeur, euse.

Trutter (1), v. n., se dit du lait ou du savon qui se *grumêle*.

Veillatif, ve, adj. Il n'est assez *veillatif* à ses affaires, c'est-à-dire qu'il n'est pas surveillant.

Venette, bailler une *venette*, c'est menacer quelqu'un et lui faire peur. Il a eu sa *venette*.

(1) *Trutte*, pour truiter.

CONJUGAISONS

Des Verbes *Eümer* (aimer), *Faire*, *Chã* (choir).

INDICATIF PRÉSENT

Sing. J'eume,	Je fas,	Je chei.
Tu eumes,	Tu fas,	Tu chei.
Il eume,	I fait,	I chei.
Plur. J'eumons,	Je fesons,	Je cheyons.
Vous eumèz,	Vous fesèz,	Vous cheyez.
Il eument,	I fesant,	I cheyant (1).

IMPARFAIT

Sing. J'eumas,	Je fesas,	Je chéyas.
Tu eumas,	Tu fesas,	Tu cheyas.
Il eumait,	I fesait,	I cheyait.
Plur. J'eumins,	Je fesins,	Je cheyins.
Vous eumiez,	Vous fesiez,	Vous cheyez.
Il eumins,	I fesins,	I cheyins.

PRÉTÉRIT

Sing. J'eumis,	Je fesis,	Je cheyis.
T'eumis,	Tu fesis,	Tu cheyis.
Il eumit,	I fesit,	I cheyit.
Plur. J'eumîmes,	Je fesîmes,	Je cheyîmes.
Vous eumites *ou*	Vous fesites,	Vous cheyites
V's'eumites,		
Il eumirent,	I fesirent,	I chéyirent.

(1) De même : *i vlant*, pour ils veulent, etc.

PRÉTÉRIT INDÉFINI

Sing. J'ai eumè, J'ai fait, J'ai chu.
T'as eumè, T'as fait, T'as chu.
Il a eumè, Il a fait, Il a chu.
Plur. J'avons eumè, J'avons fait, J'avons chu.
Vous avez eumè, Vous avez fait, Vous avez chu.
Ils ont eumè, Ils ont fait, Ils ont chu.

PRÉTÉRIT ANTÉRIEUR

Sing. J'eus eumè, J'eus fait, J'eus chu.
T'us eumè, T'us fait, T'us chu.
Il eut eumè, Il eut fait, Il eut chu.
Plur J'eûmes eumè, J'eûmes fait, J'eûmes chu.
V'zeutes eumè, V'zeutes fait, V'zeutes chu.
Il eurent eumè, Il eurent fait, Il eurent chu.

PLUS QUE PARFAIT

Sing. J'avas eumè, J'avas fait, J'avas chu.
T'avas eumè, T'avas fait, T'avas chu.
Il avait eumè, Il avait fait, Il avait chu.
Plur. J'avins eumè, J'avins fait, J'avins chu.
V'zavèz eumè, V'zavèz fait, V'zavèz chu.
Il avins eumè, Il avins fait, Il avins chu.

FUTUR

Sing. J'eumerai, Je ferai, Je chérai.
T'émeras, Tu feras, Tu chéras.
Il eumera, I fera, I chéra.
Plur. J'eumerons, Je ferons, Je chérons.
V'zeumerez, Vous ferez, V'cherez.
Il eumeront, I feront, I chéront.

FUTUR PASSÉ

Sing. J'érai eumè,   J'érai fait,   J'érai chu.
T'éras eumé,   T'éras fait,   T'éras chu.
Il éra eumé,   Il éra fait,   Il éra chu.
Plur. J'érons eumé,   J'érons fait,   J'érons chu.
V'zérez eumé,   V'zérez fait,   V'zérez chu.
Il éront eumé,   Il éront fait,   Il éront chu.

CONDITIONNEL

Sing. J'eumeras,   Je fras,   Je chéras.
T'eumeras,   Tu fras,   Tu chéras.
Il eumerait,   I frait,   I chérait.
Plur. J'eumerins,   J'frins,   Je chérins.
V'zeumerèz,   Vous frèz,   Vous chérez.
Il eumerins,   I frins,   I chérins.

PASSÉ

Sing. J'éras eumé,   J'éras fait,   J'éras chu
T'éras eumè,   T'éras fait,   T'éras chu.
Il érait eumé,   Il érait fait,   Il érait chu.
Plur. J'érins eumè,   J'érins fait,   J'érins chu.
V'zerez eumé,   V'zerez fait,   V'zerez chu.
Il érint eumé,   Il érint fait,   Il érint chu.

IMPÉRATIF

Sing. Eume,   Fas,   Chet.
Qu'il eume,   Qu'il fasse *ou*   Qu'il cheye *ou*
     Qu'il fesant,   Qu'il cheyant.
Eumons,   Fommes,   Chéyons.

SUBJONCTIF PRÉSENT OU FUTUR

Sing. Que j'eume,   Que je fasse,   Que je chéye.
       Que t'eume,   Que tu fasse,   Que tu chéye.
       Qu'il eume,   Qu'il fasse,   Qu'il chéye.
Plur. Que j'eumions,   Que je fesions,   Que je cheyons.
       Que v'zeumez,   Que v'fesez,   Que v'cheyez.
       Qu'il eumant,   Qui fesant,   Qui cheyant.

IMPARFAIT

Sing Que jeumisse ou
     eumis.
    Que tu eumis.
    Qu'il eumit.
Plur. Que j'émissins,   Que j'fissins,   Que j'chéyissions.
     j'eumissins,
    Que v'zemissez, Que v'fissez,   Que v'cheyissez
    Qu'il emissint,   Qui fissint,   Qui cheyissint.

PRÉTÉRIT

Sing. Que j'as eumé,   Que j'as fait,   Que j'as chu.
      Que t'as eumé,   Que t'as fait,   Que t'as chu.
      Qu'il ait eumé, Qu'il ait fait,   Qu'il ait chu.
Plur. Que j'ayons eumé, Que j'ayons fait, Que j'ayons chu.
      Que v'z'ayez eumé. Que v'zayez fait, Que v'zayez chu.
      Qu'il ait eumé, Qu'il ait fait,   Qu'il ait chu.

PLUS QUE PARFAIT

Sing. Que j'eus, Que t'us, Qu'il eut eumé.
Plur. Que j'eussins, Que v'zeussez, Qu'il eussint eumé.

PATOIS

DE L'ARRONDISSEMENT

D'ALENÇON

En tête des travaux relatifs au patois de l'arrondissement d'Alençon, il a paru convenable de consacrer une courte notice à leur principal auteur, jusqu'ici inconnu, pour lequel nous réclamons une petite place parmi les philologues normands. La part qu'il prit aux luttes et aux souffrances du clergé non assermenté, pendant la Révolution, donne d'ailleurs à sa biographie un intérêt inattendu et quand on sait que le modeste desservant aux lumières duquel l'administration fit appel en 1812. était encore quelques années auparavant classé par elle au nombre des suspects, on se sent attiré vers lui par une secrète sympathie.

Son vocabulaire, moins abondant que celui de Delestang (1), renferme un bon nombre de mots qui appartiennent au patois du Perche et dont j'ai dû supprimer la plus grande partie, ne conservant que les variantes orthographiques et les modifications de sens assez notables.

(1) Les travaux sur la linguistique et l'archéologie remontant à l'époque du premier empire, sont aujourd'hui bien oubliés. Il convient cependant d'en tenir compte ; et il est juste de noter que Delestang, sans être un philologue et sans jamais être sorti de sa sous-préfecture de Mortagne, ne resta pas complètement étranger à ces travaux, Le 16 décembre 1807, il avait été nommé membre correspondant de l'Athénée de la Langue française. Le 16 octobre 1810, il fut admis comme membre non résidant de l'Académie celtique. Son *Vocabulaire du Patois percheron* fut revu par lui et communiqué à M. Dureau de La Malle en 1820 (Mss. de Delestang, t. IV).

NOTICE SUR L'ABBÉ FOUET

FOUET (Pierre-Nicolas), né à Alençon le 23 novembre 1755 (1), avait été nommé au mois d'avril 1786, vicaire de la paroisse de Condé-sur-Sarthe, qui avait pour curé l'abbé Loublier, esprit distingué, l'un des principaux rédacteurs du Cahier de l'ordre du Clergé pour le Bailliage d'Alençon en 1789 et qui fut désigné, à cette époque, pour remplir les fonctions de maire de la commune avec l'adjonction de l'abbé Fouet comme greffier (7 février 1790).

Les déchirements douloureux qu'amena la Constitution civile du clergé sont connus de tous. Mais dès le commencement de 1790, les premiers symptômes de division se manifestaient parmi les membres du clergé. Le 9 mai, le vicaire-greffier de Condé-sur-Sarthe dut transcrire sur le registre des délibérations de la municipalité, une protestation de M. Loublier, curé-maire, contre une lettre adressée par le curé de Saint-Denis-sur-Sarthon à l'Assemblée nationale pour dénoncer « une coalition entre lui et ses confrères voisins et qui ne tendrait à rien moins qu'à soulever les peuples contre les décrets de l'Assemblée. »

Le clergé d'Alençon et des environs pouvait déjà être classé en trois groupes distincts : 1° ceux qui, en petit nom-

---

(1) Registres de baptême de la paroisse Notre-Dame d'Alençon, novembre 1755 :

« Le dimanche 23, par nous prêtre soussigné a esté baptisé Pierre-Nicolas, né de ce jour, à 2 heures du matin, en legitime mariage, fils d'André-Louis Fouet, filotier et de Anne-Françoise Birée, son épouse, demeurant faubourg Saint-Blaise, le parrain Nicolas Fouet, la marraine Marie-Anne Birée.

« N. Fouet-Dufresne, Marte Birée, B.-F. de la Barte, prêtre, vicaire. »

André-Louis Fouet, son père, originaire de Damigni, mourut au faubourg Saint-Blaise le 7 vendémiaire an VII.

Anne-Françoise Birée, femme Fouet, sa mère, mourut le 2 pluviose an II.

bre, étaient décidés d'avance à adhérer à tous les changements que la Révolution devait accomplir ; 2° ceux qui, partisans des réformes et soumis à la loi en tout ce qui n'intéressait pas le domaine sacré de la conscience allaient se soumettre avec plus ou moins de réserves, avec plus ou moins de répugnances aux décrets de l'Assemblée nationale et dont quelques-uns rétracteraient plus tard courageusement et au péril de leur vie des serments imprudemment donnés, lorsqu'ils verraient l'inutilité et le danger des concessions auxquelles ils s'étaient prêtés ; 3° ceux qui, soumis aveuglement aux instructions de leurs chefs qui leur qui leur dénonçaient comme schismatiques les entreprises de l'Assemblée nationale sur le domaine spirituel dans l'organisation du culte, repousseraient avec énergie toute proposition de conciliation et mériteraient les noms glorieux de martyrs et de confesseurs de la foi.

Le 16 janvier 1791, le curé de Condé-sur-Sarthe, d'accord avec son vicaire, considérant que les fonctions municipales dont il était investi étaient difficilement conciliables avec l'attitude indépendante qu'il entendait garder sur le terrain religieux, donna sa démission, formulée dans les termes les plus convenables et qui témoignent des sentiments de sympathie dont il était entouré. Il déclare que « toujours reconnaissant de la confiance que lui ont marquée les citoyens actifs de cette commune en le nommant maire, il voit avec la plus grande peine que les fonctions de cette place se multiplient au point de ne pouvoir se concilier avec celles de son ministère, ce qui le détermine à donner aujourd'hui, comme il donne en effet, sa démission de cette place. »

M. Fouet, le même jour, fit une déclaration dans les mêmes termes.

« Pénétré de reconnaissance, dit-il, envers les officiers municipaux qui lui avaient fait l'honneur de le nommer *greffier, trouvant les fonctions de son ministère incompatibles avec sa place, il s'est déterminé à donner aujourd'hui, comme il donne en effet, sa démission. »*

FOUET, vicaire de Condé.

Le dimanche 23 janvier 1791, le curé de Condé, après le prône, adressa aux fidèles réunis dans l'église et spécialement au conseil municipal, un discours dont on trouve le compte-rendu dans le registre des délibérations de la municipalité. Dans le même registre, figure le procès-verbal du refus fait par l'abbé Loublier de publier la lettre pastorale de l'évêque constitutionnel.

Le curé et doyen de Saint-Denis-sur-Sarthon, nommé procureur de la commune avait, au contraire, prêté le serment constitutionnel avec les restrictions de l'évêque de Clermont, ce qui ne l'empêcha pas d'adresser le 10 juin 1791 une protestation au ministre de l'intérieur, au nom des curés de son canton et en son nom personnel deux protestations énergiques contre la dépossession et l'expulsion des ecclésiastiques non assermentés et des religieuses vouées à l'instruction et au soin des malades.

Le 14 juin, le curé de Condé-sur-Sarthe fit faire l'inventaire du mobilier de la cure tenant nature du fonds et déclara qu'il allait faire enlever tous les meubles qui lui appartenaient en propre. Son successeur, Christophe-Mathieu Romet, ci-devant curé de Courteilles, fut installé à Condé le 26 juin. L'abbé Fouet dut alors, comme son curé, pourvoir à son habitation. L'abbé Loublier se rendit alors à Paris.

Enfermé au séminaire Saint-Magloire, au mois de septembre 1792, il fut du nombre des prêtres massacrés dans ces fatales journées.

L'abbé Fouet se retira probablement dans sa famille, à Alençon et put ainsi, au moins pendant quelque temps, procurer les secours spirituels aux fidèles de son ancienne *paroisse. Quand au curé assermenté, à l'exemple de l'évêque constitutionnel et de la plus grande partie de son clergé, il abdiqua les fonctions ecclésiastiques le 27 nivose an II. Le 14 pluviose, le maire de Condé-sur-Sarthe fit une motion au Conseil général de la commune, pour faire observer : « qu'il est tems enfin de briser les chesnes du fanatisme des prestres et que les argenteries qui ont servi jusqu'à ce jour dans l'église de cette commune à fanatiser le peuple par la main des prestres, soient sur-le-champ inventoriées et portées au district d'Alençon, pour en faire don à la République et pour être fabriquées en monnaie républicaine. » S'associant à la pensée du maire, le conseil général de la commune déclara, le 17 ventose, renoncer au culte public et ordonna la vente des meubles et effets existant dans l'église, pour en être le produit consacré « à la décoration du temple de la Raison et pour l'humanité souffrante. »*

L'abbé Fouet ne paraît pas avoir bénéficié de la loi du 3 ventose an III, qui proclama la liberté des cultes. Il avait été porté sur la liste des émigrés, bien qu'il n'ait jamais quitté le département de l'Orne. Il obtint sa radiation provisoire le 9 frimaire an V et, le 10 thermidor suivant, il se présenta à la municipalité de Condé-sur-Sarthe, pour déclarer que « miaistre non assermenté du culte catholique, apostolique et romain, son intention était d'exercer son culte dans l'église de cette commune. » Mais à la suite du 18 fructidor, il fut de nouveau obligé de se cacher. Le 8 nivose an VI, il fut porté sur la liste des trente-deux prêtres condamnés à la déportation, par arrêté du Directoire exécutif.

Dans un état des prêtres insoumis du canton principal d'Alençon, dressé le 21 brumaire an VI, l'abbé Fouet est noté comme suit :

« *Fouet (Pierre-Nicolas), ex-vicaire.* — *Embaucheur pour*

les Chouans, prêchant ouvertement le mépris des lois et du gouvernement, caché depuis le 18 fructidor. »

Le 21 prairial an VIII, il présenta une pétition au préfet pour lui exposer qu'avant et pendant la Révolution, il avait toujours vécu paisiblement ; que sincèrement attaché à sa patrie, il ne l'avait jamais quittée, mais que pour se soustraire aux persécutions injustes, il avait constamment été caché dans le département. En conséquence, il demandait au préfet sûreté et protection et l'autorisateon de reparaître en public. Sa pétition fut accueillie, mais le requérant fut mis en surveillance à Alençon, par arrêté du 24 prairial an VIII.

Le 16 thermidor an IX, Pierre-Nicolas Fouet, originaire d'Alençon, y demeurant, faubourg Saint-Blaise, prêta le serment de fidélité à la Constitution exigé de tous les fonctionnaires publics par la loi du 21 nivose an VIII, et en conformité de l'arrêté pris par le maire d'Alençon le 22 brumaire an IV, approuvé par le préfet le 29 du même mois.

Un autre proscrit, le P. Sigismond-René Guivier, ci-devant gardien des Capucins d'Alençon, âgé de soixante ans, accablé d'infirmités et rendu à la même époque à la liberté après avoir subi une détention de plus d'un an, exerça provisoirement les fonctions du culte à Condé-sur-Sarthe jusqu'à ce que la nomination de l'abbé Fouet comme desservant eût été approuvée par le gouvernement, ce qui eut lieu le 19 frimaire an XI. Il prêta serment entre les mains du préfet de l'Orne le 15 ventose et fut mis en possession de l'église de Condé le 27, par le P. Sigismond.

L'abbé Fouet mourut au presbytère de sa chère paroisse de Condé-sur-Sarthe, le 25 septembre 1818. Il était âgé de 63 ans.

NOMENCLATURE

Alphabétique des Expressions non françaises en usage à Condé-sur-Sarthe et aux environs, par l'abbé FOUET, curé de cette commune.

Le desservant de Condé-sur-Sarthe a eu l'honneur de transmettre à Monsieur l'auditeur du Conseil d'Etat, membre de la Légion d'honneur, Sous-Préfet de l'arrondissement d'Alençon, la Nomenclature alphabétique des Expressions non françaises en usage dans le pays, conformément à sa lettre du 11 mars 1812, ainsi qu'il suit :

A

Abroutoūt (1), s. m., qui brise tout, qui détruit tout, qui fait son ouvrage sans prendre garde à soi, qui travaille mal.

Acărd, adv., très-abondamment. Ex.: L'eau tombe d'*acard*, il tombe une très grande averse.

A cŭl (2), adv. Une charrette est à *cul* lorsque le derrière pose par terre.

---

(1) On appelait *abrousture*, en Normandie, le droit de mener broûter les bestiaux dans les buissons et les broussailles. Il faut probablement rattacher *abroutout* d'*ébrouer* (terme de vétérinaire), éternuer fortement en secouant la tête (d'où le terme faire *brouée*), que Diez fait venir de la racine germanique qui a donné *brau* et *brou*, dans le provençal, *brive*, dans la langue d'Oïl. De là encore *rabrouer*, proprement violenter, malmener.

(2) *A cul* se dit fréquemment au figuré.

Adenté, ée, adj., renversé, le haut en bas.

Adelèsi, e, adj., qui ne sait que faire, qui fait des espiègleries pour faire rire.

Agălie, adv. Faire *agalie* à quelqu'un, c'est se moquer de lui en frottant avec l'index l'intérieur de la main.

Allŭmĕlle, s. f., lame d'un couteau.

Andoŭille, s. f., fusée faite avec de la terre et du foin qu'on pose sur les solives, pour former un plancher.

Arbre (bois d'), s. m., signifie du bois de pommier pour brûler, les autres bois sont désignés, v. g. bois de poirier, bois de chêne, etc.

Atticŏcher, v. a., exciter à la dispute. *S'atticocher*, v., réciproque, se faire ou se dire l'un à l'autre des choses qui déplaisent.

Avĕrās, s. m. pl., les volailles d'une basse-cour. Donner aux *avéras*, donner à manger à la volaille.

*****Aubour** (1), s. m., l'endroit d'une planche le plus près de l'écorce, qui est d'une qualité inférieure au cœur du bois.

B

Băder (se), v. p. r., salir le bas de sa robe dans l'herbe mouillée.

Bāiseŭl, s. m., pour baisure, endroit du pain qui se touche au four.

Bărătté, s. m., petit lait qui se trouve dans la baratte, quand le beurre est fait.

Bassicotier, re, s. adj., celui, celle qui baisse peu ou hausse peu sur le prix soit demandé, soit offert et qui répète souvent.

Battu (lait), s. m., baratté mis avec le lait caillé et battu ensemble.

---

(1) Le *Glossaire* de Louis Dubois écrit *aubeur*. C'est probablement une faute de copie.

Băubëlle, s. m., faire *la baubelle*, agir en tartuffe, faux.

Bédée (aller de), v. n., agir inconsidérément, comme un étourdi. Ex.: il y va de *bédée*, il fait cela de *bédée*.

Belin, s. m., pour bélier.

Bĕrdăncer, v. a., agiter, secouer un meuble.

Bĕrdăncier, re, adj., inconstant, qui fait tantôt une chose, tantôt une autre.

Bĕrgeās, s. m. pl., troupeau de moutons.

Bernoux, ouse, adj., couvert d'ordures et de saletés.

Bettelé, adj., lait, crème qui ayant été mis sur le feu a tourné.

Bīard, s. m., pour blard, civière à bras, à coffre, qui sert à porter les morts en terre.

Bicler, v. n., regarder du coin de l'œil.

Blee, Bleche, adj., mou, molle. Poire *blêche*, poire molle.

*****Boūeton**, s. m., sabot arrondi par le bout, chaussure.

Bŏguïlle (1), s. f., chassie des yeux.

Boguilloux, ouse, adj., qui a de la chassie aux yeux.

Bouligot, s. m., morceau de bois gros et court.

Bourdin, s. m., petit tourteau dans lequel on a mis des pommes.

Boŭssăcre, a. s. m., mauvais ouvrier, qui perd l'ouvrage.

Boussacrer, v. a., faire de très mauvais ouvrage.

Brée, s. f., pour broye, instrument pour broyer le chanvre.

Branée, s. f., son et herbe mêlés qu'on donne en nourriture aux animaux.

Brasséier, v. n., marcher les bras pendant.

Brēche, s. f., lie qui est au fond d'un vase, d'une bouteille. Ex.: il ne vient plus que de la *brèche*, le vin, le cidre vient trouble.

(1) De *boga*, enveloppe.

Bréhaüt, s. adj., braillard, qui parle fort haut, grand bavard.

Brĭdes-à-viău, s. m., ruban étroit, fait avec de gros fil écru.

Brĭffŏnier, s. m., qui vend toutes sortes de marchandises, comme fil, laine, etc.

Brōndir, v. n., faire faire un grand bruit à une pierre qu'on lance fortement.

Brōe, s. f., espèce d'écume.

Broter, v. n., écumer, jeter de l'écume.

*****Broŭée**, s. f., faire la *brouée*, rejeter, à force de rire, la boisson, soit par les narines, soit par la bouche.

C

Cănĕtte, s. f., bobine à très hauts bords, sur laquelle on dévide le fil qui sert à faire la chaîne.

Carabin, s. m., sarrazin, blé noir triangulaire.

Căsse, s. f., lèchefrite en terre.

Cātir (se), v. pron., se cacher dans un petit coin, occuper le moins de place possible.

Cavéreau, s. m., porte qui sert à couvrir l'escalier d'une cave et qu'on pose horizontalement.

Cĕrgaŭlt (1), adj. s. m., éhonté, sans pudeur, qui ne craint rien, effronté.

Cērmiău (2), s. m., espèce de couperet, crochu par le bout, du côté tranchant.

Chălŏn (3), s. m., petit bateau qu'on conduit avec une perche.

---

(1) *Cergau, cergole*, écrit par L. Dubois *serguut*. Nous retrouvons ici le suffixe *gau*, sur lequel nous avons appelé l'attention.

(2) On écrit et l'on prononce généralement aujourd'hui *cerniau*; *cerner* signifie arracher, déraciner (La Curne de Sainte-Palaye); *cernis*, bois destinés à être arrachés (F. Godefroy).

(3) *Chalon*, variante de *chulan*. De *challer*, gauler, parce que les chalans sont dirigés au moyen d'une perche.

Chārouēt, s. m., pour charrier, toile sur laquelle on met la cendre sur la cuve.

Chas, s. m., colle faite avec farine et eau bouillante.

Chemȋcher, v. n., pleurer à demi, faire semblant de pleurer. Prononcez *chmicher*.

*****Chěnevŏlles**, s. f. pl., le bois qui reste du chanvre broyé.

Chȋc, s. m. Ex.: Il entend le *chic*, veut dire il comprend facilement ce dont il est question.

Cloquer, v. n., faire *cloq*, *clocq*, cri que fait la poule qui veut couver.

Cŏcŏniěr, s. m., celui qui fait commerce d'œufs.

Cŏcoŭ, s. m., fleur jaune, de la classe des primevères.

Cocurias, adj., qui a bonne mine, bon air, propre, qui fait plaisir à voir.

Cotiné, adj., échauffé, en parlant du bois.

Crioche (1), s. f., potence, béquille, bâton fait en croix sur lequel on s'appuie pour s'aider à marcher.

Crīoīre, s. f., cornet dans le col des volailles, par où passe la respiration.

---

(1) M. G. Le Vavasseur s'est demandé si *crioche* est une forme familière et féminisée de *crochet*, ou une onomatopée rappelant le bois qui *crie* sous le fardeau et l'infirme qui geint. Du Cange nous fournit la réponse. Les potences ou béquilles dont il s'agit rappellent la croix, le T. Aussi les désignait-on sous les noms de *cruces*, *crucia*, *croca*, *crocia*, *croccia*, *croceolus*. Resterait à expliquer l'introduction de l'*i* parasite entre l'*e* et l'*o*. Mais il faut remarquer que l'iotacisme est un accident beaucoup plus fréquent que ne l'ont cru MM Duméril, qui l'ont restreint à l'habitude de mouiller les syllabes commençant par *l* précédé d'une autre consonne et les terminaisons en *er* (*Dictionnaire du patois normand*, introduction, p. LII). Dans la plus grande partie du département de l'Orne, on dit *crière* pour crayère, *crion* pour crayon, *jion* pour jonc ou ajonc, *brit* pour bruit, *frit* pour fruit, *fie* pour fuye, *rhieume* pour rhume, *Iliaume* pour Guillaume, *ieun* pour un. MM. Duméril signalent eux-mêmes *iens* pour ens et *iou* pour où. M. Ch. Joret a noté également (*Des caractères et de l'extension du patois normand*, p 163-164) aux environs de Carrouges, *nieu* pour nuit, *nieure* pour nuire, *sie* pour suie. Nous trouvons en outre, dans le même canton, *coutia* pour couteau, *aisia* pour oiseau, *aignia* pour agneau, *cisias* pour ciseaux, *mié* pour moi (en passant par *mé*), la *Fiertéi-Maciéi* pour la Ferté-Macé, etc.

Crouller, v. a., *crouller* les pommes, secouer avec violence les arbres pour en faire tomber les fruits.

Crûchettée, s. f., pour cruchée, plein une cruche.

Cuisse (pain de), s. m., pain fait par les particuliers, plus compacte que celui des boulangers.

Cusser, v. n., se plaindre, faire *hein, hein, hein,* lorsqu'on travaille avec effort ou lorsqu'on souffre.

D

Dăle, s. f., gargouille, gouttière en pierre qui traverse le mur.

Dălée, s. f. Ex.: *Cet enfant a fait sa dalée,* c'est-à-dire a uriné.

Défraner, v. n., diminuer, dépérir, maigrir, perdre de son embonpoint.

Dëiŏt, s. m., petit sac pour envelopper un doigt qui a quelque blessure.

Degesté, ée, s. adj., gesticulateur, qui s'en fait accroire, étourdi.

Dérăs ou **Dérăil**, s. m. sans pl., graisse qui s'attache aux boyaux.

Dérīs, s. m., débris que laisse le débordement des eaux.

Devallée, s. f., pente, descente.

E

Ebliner, v. a., écobuer, enlever avec la houette la superficie d'un terrain.

Ebréché, ée, adj., à qui il manque une dent de devant.

Echăntillon, s. m., déversoir d'un moulin.

Echăugŭetter, v. a., épier avec soin, suivre tous les mouvements.

Echer (1), s. m., jalousie. Ex.: avoir *écher* sur quelqu'un, le jalouser. Prononcez *échair*.

Echerdant, te, s. adj., qui a *écher*, envieux.

Ecŏche, s. f., grand couteau de bois pour détacher les grettes, qui sont restées au chanvre quand il a été broyé.

Ecŏcher, v. a., détacher les grettes avec l'*écoche*.

Ecoinster, v. a., casser, briser le coin d'une table, d'un marbre.

Ecriller (2), v. n., glisser en marchant.

Effestoui, adj., éveillé, ardent, vif, espiègle.

Eherné, adj., ressort cassé ou dérangé. Mon couteau est tout *éherné*.

Emayer (s'), v. p., s'inquiéter beaucoup pour l'avenir.

Embarnir, v. n. r., prendre de l'embonpoint, engraisser.

Emboliner (3), v. a., cacher, envelopper avec un mouchoir, un voile, un manteau.

Encrucher, v. a., jeter dans une haie, dans un arbre, un bâton, un mouchoir, de manière qu'il ne tombe pas. J'ai jeté mon chapeau dans cet arbre, il s'y est *encruché*.

Engazer (s'), v. n. r., se mettre dans la boue.

Epinqer, v. a., tirer l'eau de quelqu'endroit, le mettre à sec, épuiser.

Equi (4), s. m., pour *écli*, languette de bois éclaté, qui entre dans la peau.

Erusée, s. f., élancement. Prendre son *érusée*, se lancer en avant pour mieux sauter.

Etoŭpās, s. m., bouchoir, ce qui sert à fermer le four.

---

(1) *Echer, échère*, paraît avoir quelque rapport avec *écher, écarer*, impatienter, jeter des pierres. Comparer également ce mot à *eschar*, moquerie, dérision (Du Cange, au mot *Carina*).

(2) *Ecriller* a donné naissance au mot *écrillard*, déversoir ou échantillon d'un moulin.

(3) *Emboliner* pour *embobeliner*. On dit aussi *embôner* et *bôner*.

(4) On appelait *acquit* ou *aicquit*, le morceau de bois que les écoliers étaient tenus d'apporter chaque matin pour le chauffage de la classe.

F

Ferrer, v. a., façonner la filasse avec des cardes, carder.

Ferreux, euse, adj., qui façonne la filasse avec des cardes, cardeur.

Foïcĕlle, s. f., égoutoir, vase rempli de petits trous pour faire égouter.

Forbeture, s. f., pour fourbure, maladie aux jambes des chevaux, pour avoir bu, ayant chaud, ou par trop de fatigue.

Foŭcăde, s. f., vivacité, colère, emportement.

Foucader, v. n., agir avec vivacité, par colère.

Fou (lait), s. m., lait caillé.

Frambeyer, v. a., nettoyer les étables, les écuries, enlever le fumier.

Fut, s m., grosse poutre de pressoir.

Faraŭder, v. u., s'habiller, se parer d'une manière affectée.

G

Gaŭdïonner, v. a , arranger avec beaucoup de soin. Se *gaudionner*, v. pers., prendre toutes ses aises, ne pas se gêner.

Ginguette, s. f., une petite *ginguette*, fille qui se conduit mal.

Godondant, s. m., grande scier de très grand bois.

Gŏguer, v. récip., jouer ensemble, en parlant des animaux.

Gore, s. f., femelle du porc, truie.

Gorin, s. m., petit porc.

Gosser, v. récip., jouer ensemble, en parlant des enfants.

Gourmeler, v. n., pour grommeler, murmurer sourdement.

Gralles, s. f. pl., mauvais souliers.

Grelles, s. f. pl., petites chènevolles.

Grémir, v. a. irr., écraser, éteindre, presser, serrer entre deux pierres.

Griaux ou **Grillauds**, s. m. pl., ce qui ne fond point du lard ou du *dérail* (1) dont on tire la graisse.

Grigne, s. f., pour grignon de pain.

Grousser, v. n., murmurer, se plaindre entre ses dents.

Guay, s. m., pour *glui*, paille de seigle choisie, qui sert à lier les gerbes.

Guëroūe, e, adj., hardes ou linges mouillés qui sont gelés. Ex.: cette serviette est toute *guérouée*. Prononcez *gué*, comme dans guenon.

Guignette (être à) (2), v. n., ne pas voir, être dans les ténèbres.

H

Hachet, s. m., petite barrière dont les barreaux sont de haut en bas.

Halbis, s. m., boisson faite avec le jus des pommes et des poires.

Halitre, s. m., pour hâle.

Haugreline, s. f. ou *hauguerline*, mauvais habillement.

Hanoche, s. f., gros morceau de bois rempli de nœuds. H aspirée.

Hărĭcŏter, v. n., marchander longtemps et pour peu, avoir peine à faire un marché.

Haricotier, re, adj., qui fait difficilement un marché.

Hec, s. m., espèce de petite barrière faite avec des baguettes entrelacées.

---

(1) *Dérail*, synonyme de *Dégras*.

(2) *Guignette*, nom d'un jeu qui consiste à obliger un enfant à fermer les yeux pendant que ses camarades vont se cacher.

Hĕrquĕliĕr, re (1), s. adj., tracassier qui aime à chicaner pour rien.

Hemer, v. a., faire semblant de frapper, lever la main ou un bâton sur quelqu'un, sans frapper.

Hĕrnŭement (de la lune), s. m., temps nébuleux, qui arrivent ordinairement au changement de quartier.

Hïgner, v. n., crier un peu, de temps à autre, comme les petits enfants auxquels on refuse ce qu'ils demandent.

Holbleu Holbleu, adv., terme dont on se sert pour faire boire les bœufs et les vaches.

Hucher (se), v. n., pour se jucher, se percher sur, en parlant des volailles

Heté (être) (2), v. s., avoir opinion, juger Ex.: je ne suis pas bien *hetté* de cet homme, c'est-à-dire, j'ai mauvaise opinion de cet homme.

Hubir, v. a., pour huer, rejeter, chasser, injurier. Il m'a *hubi* comme un chien.

I

Iqueul (3), adj., gros. O l'*iqueul* morceau de pain ! O quel morceau de pain !

Itout (4), conj., pour aussi.

J

Jăgdăle (5), s. adj., imbécile, sot sans intelligence, niais.

Jăle, s. f., engelure, tumeur avec picotement, qui dans l'hiver, vient ordinairement aux talons des enfants.

---

(1) Comme *harquelier*, dans le patois de l'arrondissement de Mortagne.
(2) Du vieux français *haiter*, plaire.
(3) V. plus haut, dans le Vocabulaire de l'arrondissement de Mortagne, *Iqueu*.
(4) Comparer *itout* à *étout* et à *otout*, cité plus loin. *Otout* signifie avec tout (o, avec). C'est pas le tout des choux, faut du beurre d'*otout*.
(5) M. Ed. Le Héricher écrit *Jacques-dalle* ou *Jacques-dare*

Jeăntĕsse, s. m. ad., fourbe, vaurien.

Joué, ad. nég., pas assez. Ex : je n'ai *joué* d'argen*t*.

Juper, v. a., appeler quelqu'un qui est éloigné de soi, parler haut.

L

Laise, s. f., largeur d'étoffe. Ex.: ce drap, cette toile a

Léchoux, ouse, adj., friand, qui aime les morceaux délicats

Limer, v. n., crier continuellement sans répandre de larmes, comme font les petits enfants, quand on les contrarie.

Lis, s. m., côté de l'étoffe de la toile, *lisière*.

Lisette, s. f., bande très-étroite en fil ; petit ruban de fil.

Lureux, euse, s. adj., qui fait souvent des reproches, qui dit toujours.

M

Macaut (1), s. m., cache. Le lieu où l'on ramasse quelque chose ; la chose même ramassée : J'ai trouvé son *macaut*.

Magousse, s. f., argent, argenterie ou autres effets précieux : Il a emporté la *magousse*.

Maingniers, s. m. pl., petits enfants.

Mălaŭcŭrieŭx, se, adj., dégoutant, qui donne de la répugnance, du déplaisir, qui prend du dégoût, qui a de la répugnance, du difficile dans le boire et le manger, qui ne peut y souffrir la moindre chose étrangère.

Meigue, s. m., lait égoutté, petit lait qui sort de la foicelle.

Mĕisle, s. f., pour néfle, fruit du *meilier* ou néflier.

---

(1) *Macaut*, variante de *magaut* et de *magot*.

Ménagère, s. f., femme. Ex.: Voilà des *ménagères*, voilà des femmes

Met, s. f., huche, grand coffre pour mettre le pain.

Marcoux, s. m., pour matou, chat entier.

Mèche (être de), v. s., être d'accord, de connivence, se concerter ensemble pour les mêmes réponses.

Miot, s. m., gros morceau de mie.

Mïaulée (1), s. f., pain émietté dans le cidre.

Mounée, s. f., pour mouture, grains qu'on donne pour être moulus. Ex.: Il m'a donné sa *mounée*.

Mŏque, s. f., grande tasse large, plus large que profonde.

Mŏquëtte, s. f., tromperie, faire la *moquette* à, attrapper, donner une chose à quelqu'un et la retenir lorsqu'il veut la prendre.

Morets, s. m., petits fruits noirs d'arbrisseaux qu'on appelle *sentines* (2) et qui viennent dans les bois.

Mŏlle, s. f., assemblage de pommes ou poires pilées sur lequel on pose le fût du pressoir, pour en exprimer le jus

Mŏure, s. f., fruit des ronces.

Mücre, adj. 2 g., un peu humide.

Mūrās, s. m., pommes ramassées et choisies pour manger.

Mŭssotiĕr, re, s. adj., qui aime à cacher, à ramasser.

N

Naius, s. m. pl., pois nains, haricots qui n'ont pas besoin de ramer.

Nas, s. f., morceau d'étoffe trempé dans l'eau, qui sert à nettoyer le four.

Nigdouille, s. adj., sot, imbécile, niais.

---

(1) On dit aussi *miottée*. Se dit par dérision de la communion sous les deux espèces que pratiquent les protestants.

(2) L'airelle-myrtille.

O

O, Ol, art. f., pour elle, *o* devant une consonne, *ol* devant une voyelle. Ex.: *O* parle, *ol* écoute.

Orïbus, s. f., petite chandelle de résine.

Otout, prép., avec. En parlant d'une femme qui emporte un paquet, on dit : *O s'en va otout*, elle l'emporte.

Outrŏn, Aoutron, s. m., ouvrier qui travaille à la récolte, qui scie les blés.

Otŭre, s. f., espèce, nature, origine

P

Pair, s. m., le pis d'une vache, d'une chèvre, ce qui contient le lait.

Părésĭne, s. f., résine.

Părŏtes, s. f. pl., bois très-mince qui sort par le trou de la varlope.

Pelle-futière, s. f., instrument large et court, à long manche, tout en bois, qui sert à remuer le grain dans les greniers, à porter le marc au pressoir, à *épinger*.

Pĕrréyeūx, s. m., ouvrier qui tire et taille la pierre.

Perrière, s. m., lieu d'où l'on tire la pierre.

Pĕter, v. n., bouger. Ex.: Si tu *pête*, pour si tu bouges.

Pétériāu, s. m., pour pétreau, drageon, sauvageon.

Piailleux, euse, adj., qui se plaint toujours, qui n'est jamais content.

Piètre, Piétresse, adj., qui boite.

Piffet, te, adj., qui aime la parure, très recherché dans ses ajustements.

Pige, s. f., femelle d'une oie qui n'a qu'un an, qui couve pour la première fois.

Pigner, v. n., se plaindre, crier à demi, comme font les petits enfants.

— 75 —

Pignoche, s f., petite cheville de bois qu'on met à une futaille, près la bonde, pour donner du jour à la liqueur.

Pinger, Epinger, v. a., puiser de l'eau.

Pioc (faire), v. n., en marchant, mettre le pied dans un trou plein d'eau.

Pipet, s. m., chalumeau, tuyau de paille, de roseau, fendu à un nœud, qu'on met à la bouche, dont on tire des sons en soufflant ; qui sert aussi à pomper la la liqueur.

Pirotte, s. f., femelle d'une oie qui a plus d'un an ; vieille oie.

Plŭmée, s. f., instrument pour peser, baguette qui a un crochet et des anneaux à un bout, avec un petit poids mobile, qu'on conduit le long de la baguette sur laquelle il y a de petits points qui marquent les livres.

Pŏchās, s. m., encre tombée de la plume sur le papier.

Poquet, Poqueton, adj., à qui il manque un ou plusieurs doigts, qui se sert difficilement de l'une de ses mains.

Porgeon, Porion, s. m., fleur, narcisse des prés ou cristalline jaune.

Pŏtine, s. f., chaufferette en terre, pot plein de feu et de cendres dont se servent les femmes pour se chauffer.

Poŭlfri, s. m., mortier fait avec de la chaux et du sable, qui sert à enduire.

Presses, s. m. pl., armoires à ramasser le linge.

Pŭëtte, s. f., petite cheville de bois à un tonneau ; petit fausset.

Passée, s. f., cellier, local à côté d'une salle.

Passier, s. m., paille pourrie dans une cour, qui sert de fumier.

Poūguĕt, s. m., étui pour ramasser des épingles.

Poucerot, s m., petit sac en cuir pour envelopper le bout du pouce.

Pouiller (se), v. a., se vêtir, prendre des habits.

Q

Quïa, valet, **Quïa**, valet, terme dont on se sert pour appeler les cochons.

Quant et (à), prép. conj., avec. Ex.: viens-tu *quant et* moi ou à *quant et* moi?

R

Răyŏnnoïre, s. f., instrument de jardinier qui sert à former de petits sillons pour ensemencer.

Rabis, s. m., révérence, salut. Ex.: faire de grands *rabis*.

Rebīnder, v. n., recommencer, faire une seconde fois.

Rayée (de soleil), s. f., apparition momentanée du soleil, lorsque le temps est couvert.

Relle, s. f., ligne tracée sur le papier.

Reller, v. a., pour régler; tirer des lignes sur le papier pour écrire droit.

Resse, s. f., grand panier oblong, sans anse, sans profondeur.

Ressourdre, v. n., se gonfler, s'augmenter. Ex.: les pois ont bien *ressout* dans la marmite. Tout *ressout* dans cette maison.

Rétuis, s. m., lieu où l'on ramasse les grains. Ex.: Mettre son grain au *rétuis*, c'est le ramasser d'une halle pour l'autre.

Reveüger, v. a., mettre sans dessus dessous; fouiller.

Ringler, v. n., glisser sur la glace.

Riocher, v. n., pour rioter, rire à demi.

Ririe, s. f., pour rire, action de rire.

Rōte, s. f., cableau, petit cable.

Rōter, v. a., lier, attacher avec la *rote*.

Rotte, s. f., petit sentier dans un champ, dans un pré, entre deux planches dans un jardin.

Roūchas, s. m., reste d'une chose qu'on a mordue, qu'on a rongée.

Roucher, v. a., couper avec les dents, pour ronger.

Rouche, s. f., feuilles d'une espèce de pavot, qui sert à lier.

Rŏuëlle, s. f., roue d'une charrue.

Roŭsse, s. f., chêne, ormeau qu'on émonde.

S

Sacrement, s. m., le moment de la consécration. Ex.: On sonne le *sacrement* de la messe, on sonne pour avertir du moment de l'élévation de la sainte hostie.

Saint (de la messe), s. m. Ex : voilà le *saint* de la messe qui sonne, on sonne pour avertir d'aller à l'église pour assister à la messe.

Sarci. ie, adj., trop cuit, desséché au feu, au four.

Sausŭblette, s. f., jeu d'enfants qui se fait en posant la tête par terre et se renversant en arrière, en se couchant sur le dos.

Saquet (de, adv., vivement. Prendre une chose de *saquet*, c'est-à-dire la prendre avec violence, promptement, dans un clin d'œil.

Sĕille, s. f., pour seau, vase en bois pour puiser de l'eau.

Senëlle, s. f., fruit de l'épine blanche.

Sentĭne, s. f., arbrisseau qui croît dans les bois et bruyères qui porte les *morets*.

Siler, v. a., frapper avec un fouet, avec une hart.

Silée, s. f. (au figuré). Je lui ai donné une *silée*, je lui ai fait de vifs reproches.

Soŭ, s. f., étable à porcs.

Sŏlăge, s. m., espèce en parlant des fruits, des arbres. Ex.: Tous ces arbres sont du même *solage*, c'est-à-dire ils sont de même espèce.

Souleur, s. f , frayeur subite et saisissement.

Sourmite, s. adj., pour sournois, pensif et caché.

Super, v. a., pour humer Ex.: *Super* un bouillon, c'est-à dire l'avaler.

T

Tărĭbondin, ine, s. acj., gros et petit, en parlant d'un homme

Tĕrrăssis, s. m., terre détrempée, mêlée avec du foin pour faire des cloisons.

Tĭbi-tăba, causer à *tibi* et à *taba*, causer beaucoup, sans savoir ce qu'on dit.

Touzer, v. a., pour tondre. Ex.: *touzer* un chien, le tondre.

Trăvoïr, s. m., pour *travouil*, dévidoir pour mettre le fil en écheveau.

Trée, s. f., pour truie, femelle du porc.

Tréfoŭé, s. m., bûche pour mettre derrière le feu.

Trésoir, s. m., vase en bois à anse mobile, dans lequel on tire le lait.

Trŭscăn, adj. s. m., un étourdi, qui ne doute de rien, inconsidéré.

V

Vélin, s. m., réseau délicat orné de dessins, point d'Alençon, dentelle faite à l'aiguille. Faire du *vélin*, travailler à ces dentelles.

Venue (une), adv., beaucoup. Ex.: voilà une *venue* de gens. Y a-t-il beaucoup de fruits ? Il y en a une *venue*.

Verge, s. m., anneau large et troué qui sert à coudre espèce de dé.

Volier, instrument pour filer, à deux branches recourbées, garnies de pointes de fer crochues, qui sert à contenir le fil et à le diriger sur la bobine ou fuseau.

Vĕrmĕil, s. m., vermisseaux, petits vers de terre. Ex,: Les volailles sont au *vermeil,* c'est-à-dire la volaille cherche des vermisseaux.

Vĕrmĕniĕr, s. m. Ex.: J'entends des rats, des souris, il y a beaucoup de *verméniers,* c'est-à-dire beaucoup de rats et de souris.

RÉPONSE

aux demandes de M. le Sous-Préfet de l'arrondissement d'Alençon, concernant certains mots qui ne sont pas de la langue française telle qu'on la parle aujourd'hui (1).

COMMUNE DE BURSARD

Arroutoir, terme commun de cette commune de bien d'autres. Au lieu de dire *rôtoir*, lieu où l'on fait rouir la filasse et de ce substantif masculin, ils en font le verbe *arrouter* en disant je vais *arrouter* ma filasse.

Arrouter. Mais ce verbe *arrouter* dont on se sert dans nos communes, a une autre signification en d'autres qui ne sont pas éloignées, par exemple, une femme dit à un enfant qui marche lentement : « Je vais t'*arrouter* ». L'enfant, entendant ce mot, marche plus vite. J'ai entendu cette expression et cela m'a fait deviner qu'elle lui disait de faire sa route plus promptement, afin de revenir plus vite à la maison.

Arroutée. Ils en font aussi un substantif féminin en disant : « Je fais une belle *arroutée* ». Et, pour savoir si leur chanvre est en état d'être tiré de l'eau, ils disent : « Je vais voir si ma filasse est *rouisse* ».

Aulus, ce terme se dit en matière de chicane et est un substantif qui signifie délai, détour, ruse, par exemple, un tel vous payera, accordez lui un peu de temps. Je ne lui accorderais pas une heure, depuis plus de six mois, il me mène d'*aulus* en *aulus* (2).

---

(1) L'auteur de cette réponse paraît être M. le comte Rœderer, sénateur.
(2) L'auteur écrit *olus* et prétend faire venir ce mot du latin *dolus*. On dit aux environs d'Argentan « *auluer* le temps » pour perdre le temps. Je suis porté à croire que ces deux termes ont la même racine.

Berdailler, v. Une fileuse au rouet dit souvent que son rouet *berdaille* parce qu'il fait du bruit et cela se dit par corruption d'un ancien verbe *bredailler* (*Supplément de Trévoux*).

Bourder, bourder à son coin, mot très-usité à la campagne, ce qui signifie prendre garde de son côté, pour que les bestiaux n'échappent pas.

C'tila, prononciation très-commune à la campogne, qui désigne le masculin et qui vient de ces mots *hic, ille, iste*, ainsi que cette prononciation *c'telle-là* pour le féminin qui doit venir de *hœc, illa* et plus encore de *ista* Je ne dirai rien des *i* que l'on met très fréquemment dans la prononciation de certains verbes, comme j'*allis*, tu *allis*, il *allit*, et ainsi des autres. Beaucoup de gens prononcent encore des *t* sur les voyelles au lieu des *s* et écrivent de même

Fermeigne, mot subs., en usage dans nos communes, au lieu de dire armoire ou placard, et qui paraît venir du verbe fermer.

Ilec ou **Iliec**, adv. de lieu qui signifie ici près ; par exemple : « Mon frère est *iliec*, » pour dire est ici près, ou ici-bas. Terme assez commun dans les campagnes et qui me semble venir de *ille, hic*.

Là lin, adv. de lieu et signifie le contraire d'*iliec*, qu'on entend par là-bas, un peu loin : « Mon frère est *là lin*, » pour là loin.

Mèche (être de), expression très-commune et qui se dit de plusieurs personnes qui s'entendent pour gagner quelque chose, pour surprendre et subtiliser quelqu'un.

Nian. Ce mot me paraît indéclinable et signifie *néant*, comme quand on demande à quelqu'un combien vaut telle chose, il répond : « Telle chose est à *nian* », c'est-à-dire à néant, à bas prix.

Plantieau, coquelicot, herbe que les femmes ont soin de sarcler pour la nourriture de leurs vaches. Dans cette commune on lui donne le nom de *plantiau*, dans d'autres on l'appelle *poucel* et *planchet*. Tous ces mots pourraient venir du mot *planta*.

A seule fin que, mauvaise prononciation d'une expression adverbiale qui signifie *afin que*, par exemple : «.Cet homme travaille toute la journée, à *seule fin* qu'on ne lui dise rien, » c'est-à-dire pour qu'on, afin qu'on ne lui dise rien. C'est une expression commune dans la bouche des gens de la campagne.

Si fait, adv. dont on se sert assez ordinairement pour réponse à celui qui dit : tu n'as donc pas fait ce que j'avais commandé, *si fait*, pour dire pardonnez-moi, je l'ai fait.

On trouve surtout une très-mauvaise orthographe dans l'écriture des militaires qui écrivent à leurs parents. Souvent les gens de la campagne m'ont aidé à lire les lettres qu'ils reçoivent en me disant : tel mot signifie ceci ou cela. Ces marques ne seront pas sans doute d'une grande utilité. Vous m'avez fait trop d'honneur, Monsieur le Sous-Préfet, en ajoutant foi à la désignation qu'on a bien voulu vous faire de moi.

Note sur l'idiome du canton de Carrouges

Par M. de Thiboult du Puisact.

A la Roussellière, commune de Beauvain, le 30 mars 1812.

NOTE demandée par M. de Chambray sur l'idiôme de ce pays.

Mots impropres ou improprement employés ici.

Alēnīer, s. m., désigne un grand valet ou autre subalterne. Ce mot n'est employé qu'en mauvaise part et plutôt au pluriel qu'au singulier, par exemple on dit : « Il a toujours avec lui de grands *aléniers* qui ne cherchent que mal à faire. »

Amĕnĭvé, adj., s'applique à quelqu'un qui est disposé, empressé et impatient pour faire ce qu'il désire. Ex.: « Il n'est pas surprenant qu'il ait déjà fini son ouvrage, car il était bien *amenivé* après. »

Carrée, s. f., l'ensemble de plusieurs maisons ou bâtiments contigus. Ex : « Il occupe la plus belle maison de la *carrée*. »

Chauffe pied, s. m., une maison ou la pièce d'une maison qui a sa cheminée.

Dĕbinĕr, v. act., déprécier un absent, en dire du mal à tort ou à droit. Ex.: « Ils ont beau le *débiner* partout, il passera toujours pour honnête homme. »

Epasse ou **Espasse**, s. f., pièce de la maison qui est au rez-de-chaussée et a une porte de communication avec le *chauffe-pied*. Ces trois mots *carrée*, *chauffe-pied* et *épasse* ou *espasse* se trouvent souvent dans les actes notariés. Ex.: « Il a vendu, quitté, transporté et délaissé, c'est à savoir, une maison avec son *chauffe-pied* et *épasse* y attenante, faisant partie de plus grand *carrée* sise au village de, etc. »

Fel ou **Fèle**, adj., signifie rude, méchant, qui se défend par toutes sortes de moyens, faisant le plus de mal qu'il peut. S'entend d'un être plutôt faible que fort, mais opiniâtre et hardi. Ex.: « Je ne veux pas avoir à faire avec elle, elle est trop *fèle*. » Ce mot signifiait autrefois cruel et traître; on en forma félon et félonie.

Fred, s. f., froid. « J'ai bien souffert cet hiver de la *fred*. »

Gache, s. f., pain grossier et mal conditionné. Ex.: « Il ne peut pas se bien porter, car il ne vit que de *gaches*. »

Galimot, s. m., gâteaux, galettes de sarrazin.

Galëtoïre, s. f., c'est la poêle épaisse et de fer fondu brut, sur laquelle on fait cuire les *galimots*. Ex.: « Ces *galimots* ne valent rien parce que on les a brûlés sur la *galetoire*. »

Gäs, Gärce, Garcette, ces trois substantifs sont fort usités ici. On les y emploie en bonne part, comme on a fait dans le bon français du temps, jusque vers la fin du XVIe siècle, par exemple on dit : « Ce *gas* travaille bien et est honnête homme. — C'est une bonne *garce* bien ménagère. — Ma petite *garcette* deviendra belle en grandissant. »

Guëu ou **Gëu**, s. m., usité au lieu de Dieu. Ce n'est pas ici seulement que l'on prononce *geu* pour Dieu.

Halby, s. m., boisson mêlée ordinairement d'une moitié de cidre et d'une moitié de poiré. « Il ne faut pas boire beaucoup de *halby*, car il fatigue l'estomac. » Ce mot vient de *halb*, en allemand, signifie une moitié, un demi.

Houette, s. f., pour hoyau. « Avec une bonne *houette* je ferai deux sillons; je n'en ferai qu'un avec une mauvaise. »

Jŏué, adv., signifie pas assez, *non satis*. Ex.: « Il n'a *joué* d'argent pour payer, » l'adverbe de pareille signification manque à beaucoup de langues qui emploient deux mots pour exprimer *pas assez*.

Măntĕn, s. m., le manche du fléau à battre le blé. « Je ne peux plus battre, mon *manten* est cassé. » Ce mot vient de *main* et du verbe *tenir*.

Māle, s. f., signifie le fumier de la première qualité. « Si vous voulez faire venir de bon blé, mettez beaucoup de *mâle* dans votre terre. »

Māuvāiseté, s. f., méchanceté, mauvaise intention. « Je vous assure que je ne l'ai pas fait par *mauvaiseté*. » On trouve souvent ce mot dans Philippe de Commines et dans les autres auteurs de ces temps-là.

Méchănt, cet adj. est employé ici dans un sens impropre et contraire à son acception dans notre langue, par exemple on dit : « Il faut avoir pitié de ce *méchant* homme, car i a bien du mal. — Soulagez ce *méchant* misérable, car il manque de tout. »

Mĕnĭer, s. m., les petits enfants d'une maison. « Ils ne sont pas à l'aise dans leur ménage, parce que ils ont trop de *méniers*. » On dit aussi ils n'ont qu'un *ménier*. Ce mot vient du latin *manere* qui signifie demeure, attendu que, dans le premier âge, les enfants restent toujours à la maison.

Mĭtăn, s. m., le milieu. « Ce chêne est droit au *mitan* du champ. »

Pātoūr, s. m., le berger qui garde les brebis. « Ayez un bon *patour*, si vous voulez conserver votre troupeau. » C'est un mot de la langue romane, qui le prit en entier du latin *pastor*, aussi les anciens écrivent *pastour*, *pastourelle*.

Pŏréē, s. f., ce mot veut dire autant que *olus* en latin et désigne les légumes en général. « La maison ne lui coûte pas cher, car il a avec elle un bon jardin à *porée* qui est derrière et devant un grand *passier* où il peut prendre, en le soignant, assez de fumier pour engraisser le jardin à *porée*. »

Truble, s. m., c'est la pelle à pressoir, il vient de *trulla*, cuiller et de *trudere*, pousser, remuer avec force.

MOTS POPULAIRES

Usités dans le canton de Courtomer.

Arbitrer, c'est s'opposer à une chose raisonnable.
Bagneau, pour *banneau*, petite banne.
*****Berranguer**, marchand de fromages et pommes.
Bosson, réunir la plus grande filasse en poignée.
Bourder, v n., une voiture qui ne peut se tirer d'un mauvais pas ; v. a., arrêter un animal qui fuit.
Campoustin, tine, se dit d'un homme ou d'une femme qui affecte sa marche.
Chasser, se dit d'un taureau qui saillit une vache.
Clas, barrière faite de bois lié, ou *cha*, mais mobile.
Cornifleur, une personne curieuse, espion.
Cŏrsĕr, lutter au plus fort.
Cŏuv'lārge, couvercle de marmite ou de plats.
Croquetier (1), trompeur, homme sans délicatesse.
Effŏŭqŭetĕr, pour dire battre quelqu'un.
Ergŭlăitŭ, homme entêté qui ne cède en rien.
Echăse, sée, personne fière et orgueilleuse.
Frainbir, fureter. — **Frainbisseux**, celui qui, curieux, touche à quelque chose à autrui.
Guincher, rire sous cape.
Hăilŏchĕr, marcher doucement en lambinant.
Halaiser, trembler de peur.
Hărdelle, fille, sans mauvaise part.
Hărengère, méchante femme qui cherche niche à tout le monde.
Harigneux, se, bête de trait qui refuse le service ; homme peu docile.

(1) Est-ce le même mot que *coquetier*, voiturier qui transporte des marchandises, des denrées, comme semble l'admettre L. Dubois ?

Hărillĕr, leux, homme dont la conduite est suspecte.

Hăro, crier à soi, au secours, danger imminent.

Hercanser, s'entend d'un chicaneur, badineur.

Hōu-houtĕr, faire *hou-hou*, appeler quelqu'un.

Houailler, crier haut.

Jămbiller, changer de place ; agitation des muscles.

Maūdĭre, médire de quelqu'un.

Maūfaït, personne contrefaite.

Mĭandēr, miauler. Se dit d'un homme ou d'une femme qui a la voix aigre, le ton monotone.

Nĭgŭe-à Nĭgŭe, égal, but à but, même hauteur.

Nŏretreaŭ, petit porc, sortant de dessous la mère.

Ouin, non, terme de mépris.

Pairer, mettre de la filasse, ou glu à même hauteur.

Rimbiguer, marchand qui va d'un marché à l'autre et vend et achète les bestiaux.

Rote, sentier. — Ru, truie en chaleur.

Runge, Runger, parlant d'un bœuf qui rumine.

Sergale, Sergau, fille aimant les garçons.

Servir, s'entend d'une jument qu'on fait saillir.

Vage, marcher, donner le passage à l'eau pour qu'elle passe par un endroit.

Ahanner, v. n., avoir beaucoup de peine : « J'ai *ben ahanné enhui.* »

Aisieau, s. m., oiseau.

Cherette, Cherue, s. f., charrette, charrue.

Chambre, s. m., chanvre. — Dai, s. m., doigt.

Fatiquer, v. a., fatiguer, *fatique*, pour fatigue.

Ganif, s. m , canif. — Gement, s. f., jument.

Guermenter, v. r. « *Guermentez*-vous de vos affaires et ne vous *guermentez* pas des miennes. »

Guiamant, s. m., diamant.

Mon, adv., donc : « Pierre, fais-*mon* cela. »

Mordure, s. f., morsure. — Onière, s. f., ornière.

Pièce, adv., aucun ou aucune : « A-t-on bien trouvé du monde à la maison ? Il n'y en avait *pièce*. »

Pisque, conj., puisque.

Rouelles, s. f., petites roues, comme ras de *cherue*.

Venue, adv., beaucoup : « Il y avait une *venue* de personnes à la maison. »

Vlimeux, adj., **Vlin**, s., venimeux, venin.

Tous les substantifs ou adjectifs qui se terminent en *au* et en *aux*, se prononcent *iau* et *iaux* : Les *biaux morciaux*.

Le pronom *eux* s'emploie pour *elles* : « J'ai vu ma mère et ma tante et j'ai demeuré longtemps avec *eux* ».

Mai, tai, li, lai, pour moi, toi, lui, elle.

Tous les verbes qui font au présent de l'infinitif *er*, comme aimer, travailler, marcher, etc., se prononcent au parfait de l'indicatif en *i* : J'*aimi*, tu *aimi*, il *aimi*, nous *aimîmes*, ils *aimirent*. Ainsi de même dans tous les autres temps où la lettre a doit être employée :

Je vaiquis, tu vaiquis, il vaiquis, nous vaiquissons, vous vaiquissez, ils vaiquissent. — Je vaiquissois. — J'ai vaicu. — Je vaiquirai. — Vaiquis, vaiquissez, qu'ils vaiquissent.

Alençon, imp. E. Renaut-De Broïse.

www.ingramcontent.com/pod-product-compliance
Lightning Source LLC
LaVergne TN
LVHW050651090426
835512LV00007B/1142